マドンナメイト文庫

素人告白スペシャル　［昭和一平成］想い出の相姦

素人投稿編集部

E N T S

C O N T

※投稿者はすべて仮名です

一章〉

愛する熟母の背徳の肉穴に誘われ

ネットに溺れ引きこもりだった息子の筆下ろしをしてくれた優しい美熟母

安原嗣久　会社員　四十五歳

今年四十五歳になる中年男ですが、これまで誰にも話したことのない、自分の童貞喪失の話を書きたいと思います。

私の童貞を奪ったのは、私の実の母です。もういまから二十年以上も昔の話です。

当時の我が家は公務員の父と専業主婦の母、そして短大を卒業してアパレル関係の仕事で働きはじめたばかりの妹と、無職の私の四人家族でした。

私は大学を中退してそのまま就職もできず、フラフラとバイトをしたりやめたりの生活を送っていました。やがて実家暮らしに甘えてバイト探しもしないようになり、日がな一日ダラダラ過ごすようになっていたのです。

「引きこもり」という言葉が盛んに使われるようになる少し前の時代でした。言ってみれば私は、その先駆けのような存在だったのです。

私は中学時代に親にパソコン（当時はマイコンと呼んでいました）を買ってもらっていたので、そのころの趣味はもっぱらパソコンでした。

とはいえ、時代が時代です。インターネット一つとっても現在のような常時接続ではなく、深夜でないと通話し放題にならない電話回線だったので、自然と昼夜逆転の生活になっていました。黎明期《れいめいき》のネット掲示板や、現在とは比べ物にならないくらい怪しげなサイトを眺めているような、自堕落な毎日を過ごしていたのです。

まだ「引きこもり」「ニート」という言葉が定着する前で、働かない男に対する世間の目はいま以上に厳しいものでした。その世間の目から逃れるように、私はますます自室に閉じこもるようになっていったのです。

たまに外に出るというと、深夜のコンビニでオナニーのおかずになりそうなアダルト雑誌を買い求めることくらいでした。あの当時はいまと違って、かなりマニアックなエロ雑誌でもコンビニで買い求めることができたのです。

買ったばかりのそれらの雑誌を持ち帰り、自室でオナニーにふける。そんな不毛な毎日を過ごしていました。

そんなある日、事件は起こりました。母が、私に話があると言って強引に部屋に入ってきたのです。そのころにはもう、父や妹は私を半ば見放していました。でも母だけはたまに、職を探すよう私にお説教をすることがあったのです。

しかしその日の母は、お説教をしにきたにしては少し様子が違っていました。薄化粧をしていて、これまで見たことがないような胸元の開いたブラウスを着ていました。母はかなり豊満なタイプで、色白ムッチリ体型です。谷間がハッキリとわかる胸元から、私は意識的に目を逸《そ》らさなければなりませんでした。

「あんた、母さんと寝てみたいんでしょう？」

私と差し向かいに座るなりそう切り出した母に、私はあっけにとられました。

返事ができずにいる私に向かって、母は続けます。

「悪いとは思ったんだけど……母さん、見ちゃったのよ」

母が言うには、数日前、珍しく私が家を空けたとき、私の部屋に無断で入ったらしいのです。そして隠してあった私のエロ雑誌の中に、近親相姦モノを見つけてしまったようなのです。

母がたまたま見つけたその本は、母親と実の息子が関係する内容のものでした。私としてはさまざまなタイプのオナニーのネタを漁っていて、その雑誌もそのうちの一つでしかありませんでした。

しかし母は、これこそが私の願望なのだと思い込んでしまったのです。

「いや、違うよ、あれは……」

私が説明しても、母は聞く耳を持ちません。

「いいから、母さんの言うとおりにしなさい……」

そう言って母はいきなり、座っている私を突き飛ばすように床にあおむけにしました。そして部屋着のジャージを脱がし、トランクスも脱がし、通常の状態だったペニスを何のためらいもなく口に咥え込んでしまったのです。

この間、たぶん十秒程度の早業《はやわざ》で、私は為《な》す術《すべ》もありませんでした。

「うおっ！」

初体験のフェラチオがまさか母親によるものだとは、想像もしていませんでした。

しかしその気持ちよさには抗《あらが》えませんでした。母の唾液たっぷりの口内粘膜に包まれ、あっという間に私のペニスはふくらんでしまったのです。

「ぷふぅ……ほら、やっぱり……」

母はまるで勝ち誇ったように、私に向かって言いました。

「そのかわり、すっきりしたらちゃんとした仕事を探すのよ……」

そう言うと、さらに舌の動きを激しくして、指先も使ってしごいてきました。

気持ちよくて、もうどうでもよくなりました。下半身の奥のほうから快感が溢れ出し、頭の中がどんどん真っ白になっていきます。

ときおり母のほうを見ると、口をすぼめたまま私のほうを見つめ返してきます。その姿はとてもエロチックで、昼間に見せる「母の顔」とはまるで違いました。

「あ、あ……で、出る……」

腰を小刻みにふるわせながら私が言うと、母はグッと根元まで呑み込みました。そして絶頂の瞬間も、そのまま私の下半身にしがみついていたのです。

ドクドクと数回脈打ちながら、私は射精しました。精子が大量だったのが反動でわかるほどの勢いでした。そしてそのすべてを、母は飲んでしまったのです。

「う、ああ！」

腹の底からため息が洩れました。しばし余韻にひたったあと、沸き上がったのは罪悪感ではありませんでした。もっと欲しいという気持ちだったのです。

「どう？　すっきりした？」

私の顔をのぞき込んでくる母の顔は赤く上気して、すこし汗ばんでいるようにも見えました。その顔を見ているうちに、私のペニスはまた頭をもたげてしまったのです。

私にとって、はっきりと母が性欲の対象になった瞬間でした。

「すっきりした、けど……俺、もっと、してみたい……」

私は素直にそう白状したのです。

黙って私を見つめている母の唇に、私は自分からキスをしました。

いまさっき私自身の精液を飲み込んだ母の口を、汚いとは思いませんでした。これはもしかしたら、血を分けた肉親だからかもしれません。

「うん……んっ……」

舌先を絡めていると、実は母と自分はずっとこうなりたかったのではないかという気持ちにさせられました。母の体に手を回し、おっぱいにも触れました。

豊満な母のバストは、薄手の生地越しに手のひらに吸いつくようです。母は自分からブラウスを脱いで、乳房を露出させました。

バストは垂れていましたが、むしろそこにそそられました。乳首の色も少しばかり濃くなっていましたが、それが逆に卑猥で、自分が興奮してくるのを感じました。

乳首に舌を伸ばして触れてみました。とがらせた舌先でツンツンとつついていると、だんだんふくらんで硬くなってくるのがわかりました。

母さんも興奮してるんだ……この事実は私にとって大きなことでした。

職もなく家に一人で閉じこもっていた私は、やはり男としての自信がなかったのです。でもこんな自分でも女に快感を与えられると知ったのが、うれしかったのです。

たとえ相手が実の母親であったとしても……。

「んっ！」

調子に乗って甘噛みすると、母は小さな悲鳴をあげました。そして私の頭を、子どもをあやすようになでながらこう言いました。

「もっとやさしく……強くしちゃダメよ……」

母は私の手を取って、スカートの奥の股間を大きく広げました。

そして私の指先に自分の指先を添えて、自らアソコに触れさせたのです。

「どう……？」

至近距離で私を見つめながら、母がささやきました。

母自身も、私とこんなことをしているのを愉しんでいるように見えました。

指先はまだ下着越しに触れている状態でした。しかし布地を通して母の体液がしみ出しているのが、はっきりわかりました。

「すごい濡れている……か、母さんも、気持ちいいの……？」

たずねる私の声は少し震えていました。母は無言でうなずきました。

母の口で射精にまで導かれ、指先で母の性器に触れるなんて……。少し前には想像もしなかった事態になっています。

でも、引き返そうという気持ちはありませんでした。

やがて母は、自らパンティの布地をずらすようにして、直接私の指を自分の女性器に触れさせせました。熱い肉のヒダが、両側から指を包み込んできます。

そこは、やわらかく液体のようで、オナニーのたびに脳内で描いていたオマ◯コの感触よりも、現実のそこは何倍もやわらかかったのです。無限に指先が埋まり込んでいくようなさわり心地でした。

さっきの母のアドバイスどおり、私は指を極力やさしく動かしました。

母の腰つきが変わってきました。なまめかしく、うねるような動きです。指に責められているというよりも、さらに貪欲に求めて咥え込んでくる動きでした。

「うう、あはあん！」

母のため息が、どんどん大きくなってきます。

もはやそれは、アダルトビデオで聞きなれた喘ぎ声と変わりありませんでした。

こんな声を母さんが出すなんて……。あらためて自分たちがしていることの大胆さにおののきましたが、私の発情ぶりはもう後戻りができない状態でした。

「か、母さん……俺、ここ、見てみたい……」

母は私にこたえるようにスカートをたくし上げ、パンティを脱いでみせました。

私に跨《またが》ったまま腰を前に突き出して、両脚を大きく広げました。そして、あおむけに寝た私の胸板に腰を落とした状態で、股間を見せつけたのです。

母の恥毛は黒々とはしていませんでした。想像したほど密集してはいませんでした。うっすら産毛のように、ふわふわした毛が亀裂をおおっている感じです。だから両脚を広げた状態だと、亀裂の中身のピンクな粘膜の状態まで見えるほどでした。

「うわあ……すごい……」

私は思わずため息を洩らしました。生で見るのは初めてのことです。

「さっき、感じちゃったから……」

母はほんの少し恥ずかしそうに言いながら、自ら指先を伸ばして下からなぞり上げるように指を動かしました。

「ほら……こんなに……」

女性器に触れた指先を、私の目の前に突き出しました。そこにはベットリと、少し白濁して見える透明の体液がついていました。私の心臓が早鐘のように鳴りました。

「わかる？　この穴に入れるんだよ……この上にあるのがクリトリスって言って、いじられると、男の人のオチ○チンみたいに気持ちいいんだよ……」

私はすっかり興奮していました。部屋の蛍光灯でヌラヌラと光る中心部分は、ほんとうにきれいなピンクでした。色の濃い乳首から想像したのとはまるで違います。でも、その周りのヒダがすごいのです。粘膜部分の色のきれいさがウソのように紫っぽく変色していて、しかも左右に大きく耳のようなものが広がっています。

それは、とてもグロテスクでした。

でも私は、そのグロテスクさにむしろドキドキさせられてしまったのです。あのやわらかい手ざわりは、この大きなヒダのせいだったのか……！

何かを発見したような気持ちに、私はなりました。

「もっと……近くで……」

そう言って私は、ボリューム感のある母のお尻を両手で抱きかかえ、自分の顔に女性器を引き寄せました。そして目の前に来た肉ヒダを唇でつまんだのです。

「あはんっ！」

母が喘ぎ声をあげました。肉ヒダを口で引っぱったり、舐めたり……そんなことを延々くり返しました。どうやら自分はヒダが好きらしいと、そのとき思いました。

母の体液が私の唇を濡らしました。溢れた体液を舌で舐めとりました。

そして感じる場所だと教えられたクリトリスを、思いきり吸い上げたのです。

「うっ、あっ、んんっ！」

母の声が、どんどん悩ましくなっていきます。それは、女の声だと思いました。クンニをするほど、近親相姦の罪悪感はどんどん薄れていきました。母でなく性器そのものを相手にしている感覚です。性本能だけになってしまうのです。

ペニスは回復するどころか、射精前にも増して硬くなっています。

「母さん……もう、我慢できないよ！」

私が懇願すると、母は私の顔から下半身を離しました。そして手元から何かを取り出したのです。コンドームでした。母はそんなものまで用意していたのです。

「最後までするつもりじゃなかったんだけど……」

そうつぶやきながら母は、すっかり硬くなったペニスを握りしめ、亀頭の部分にコンドームをかぶせてきました。母の手つきは器用なものでした。根元まで被せられるその感触だけで、射精してしまいそうになりましたが、なんとか耐えました。

いよいよ、本物のオマ○コを味わえる。私の胸は期待に高鳴っていました。母とのセックスというタブーよりも、とうとう童貞を捨てられるということのほうが、一大イベントだったのです。

「よい……しょ……」

母の体が、私の体におおいかぶさってきました。興奮しながらも、私はようやく母の裸体を間近でじっくりと見つめられる精神状態になっていました。

豊満な乳房は、私の体の上で前傾姿勢になり、下を向いて垂れています。でもそれが重量感を感じさせて、とてもいいのです。

母がほんの少し体を動かすだけで、真っ白で巨大な水風船のような乳房が、ユラユラと目の前で揺れるのです。白い肌は、かなり汗ばんでいました。自分のクンニで感じて母がそうなったのだと思うと、汗まで愛おしい気持ちでした。

私は思わず両手を伸ばしました。下向きになった大きな釣鐘型《つりがねがた》の乳房を、両手で支えるように持ち上げたのです。汗で手のひらが濡れるほどでした。

「んんっ……んっ！」

もんでいる指先の動きに合わせて母が悶《もだ》えます。しかし母の手は、しっかりと私のペニスをつかんで、自分の性器に合わせていくのです。

亀頭の部分があたたかいものに触れたのが、ゴム越しにもわかりました。

そして、ついに亀頭が、あの大きなビラビラに包まれていきます。ズブズブという感触です。

その瞬間、私はえもいわれぬ感動に包まれていました。

それは自分がこの世に生まれたときくぐり抜けた穴に、戻っていくという感動だったのかもしれません。

でもそんな感動以上に、単純に性器の感触が気持ちよすぎました。ペニスに感じる快楽をそのまま反映させるように、私は両手の中の乳房をもみしだきました。

「んっ……もっと、やさしく、弱くもむものよ……」

母が私にそう諭します。その声もすっかり、濡れていました。

言われたとおりソフトに、手のひらをゆっくり回すように愛撫しました。それに対するご褒美のように、母はペニスを呑み込んだ下半身を動かしてきました。

やはり、あの大きな左右のビラビラが気持ちいいのでしょう。ほんとうに液体のようなやわらかさで包み込まれ、一度発射しているとは思えない射精感でペニスが満たされていきます。母の腰の動きはなまめかしく、全身の肌が汗ばんでいきます。

アダルトビデオのような激しい動きではなく、ゆったりとした、お互いの肉体を味わい尽くすような性交でした。上下に動くというよりは、前後に、ときに少し回転を加えるような動きです。

さらに母は、ときおり体を反り返らせてみせたりもしました。

こうされると、ペニスを軽くキュッと曲げられたようになり、膣内のそれまでとは違う場所に亀頭が当たって、刺激にバリエーションがつくのです。

そんな細かいテクニックを使われるたびに、私の口からは「あっ」とか「うっ」という声が洩れてしまいました。とにかく気持ちよくてたまらないのです。

少しでも奥まで届かせたいという気持ちがはやってしまうのか、私は気がつくと母のお尻をつかんで、ぐいぐいと自分の下半身に抱き寄せていました。

ペニスの根元の近くが肉ヒダに刺激され、ますます快感が強まります。

「母さん、俺！」

母も、もう私の限界が近いことがわかったのでしょう。

それまでゆったりだった腰の動きを急激に速めて、とどめを刺しにきたのです。

もうどうしようもありませんでした。繋がったまま、うめき声をあげて私は発射してしまいました。頭の中が真っ白としか形容のしようがありませんでした。

母はゆっくりと腰を上げて、ペニスを性器から抜き取りました。

その小さな刺激でも体が痙攣するほど、ペニスが敏感になっていました。

母は私がつけていたコンドームをはずし、私の目の前でぶら下げて見せました。

「こんなに、出てる……」

母が言うとおり、半透明のゴムの中に大量の精液が溜まっていました。

ぶらぶらと揺れ動くそれが、私の童貞喪失の記念品のように思えました。

この日からしばらくの間、母と私は毎日のように一線を超えました。

父も妹も昼間は仕事に出かけていて留守です。それをいいことに、昼間の間中、私は母を求めました。そして母は私が求めるだけ与えてくれたのです。

そのような生活が、たっぷり一年以上は続きました。

ひとつ屋根の下に暮らしていて、よく父や妹にバレなかったと思いますが、同じ家族だからこそ、いろいろごまかせたという部分もあったと思います。

母との約束もあり、私はハローワークに通い、就職先を探すようになりました。

しかし、なかなか採用には至りません。当時は就職氷河期と後に言われるようになった時期です。新卒であっても採用してもらえないという状況でした。

そして面接や試験に失敗したときにも、慰《なぐさ》めてくれたのは母だったのです。

「また、だめだったよ……面接……」

二人きりになると、私は子どものころのように母に甘えました。そして母もそんな私を叱ったりはせず、励ましてくれたのです。

「だいじょうぶだよ。あきらめないでいれば、いいことはあるんだから……」

自分たちのほかには誰もいない家の中で、母は私の頭を抱きかかえて胸に埋《うず》めさせてくれました。そしてそのあとには決まって、激しいセックスに雪崩《なだ》れ込んだのです。

そして何度も不合格の通知を受けた末に、私はようやく、採用の通知を勝ち取ったのです。

「母さん、俺、就職決まったよ！」

そのときも家には母と私の二人きりでした。私の言葉に、母も喜んでくれました。

「じゃあ、ご褒美に、してあげなきゃね……最後のを……」

母の言葉に私はハッとなりました。確かに、遅まきながら社会人として一歩を踏み出すのに、このまま禁断の関係を続けるわけにはいきません。

母さんの体を味わうのも、これでおしまい。そう思うと、すみずみまで味わいたいと思いました。

そのとき私たちがいたのは居間でしたが、私はかまわず母に抱きつき、豊満な体を両手でもみしだきました。そしてディープキスをくり返したのです。

「んん、ちょっと……こんな場所で……」

母は少し抵抗しましたが、私は一秒も待てなかったのです。

「母さん……母さん！」

これで最後だと思うと、ペニスが異常なまでに熱くなるのを感じました。

いつものように、母は興奮する私をなだめるようにペニスをなでてきました。

「ご褒美だから、いつも以上に気持ちよくしてあげなきゃね……」

母が「女の顔」になります。そして私を自分の前に立たせたまま跪《ひざまず》いて、ズボンのチャックから取り出したペニスに舌を這わせたのです。

「んっ……あむ……」

初めて私にフェラチオをしたときのような「すぐに出させてあげる」という感じではありません。たっぷり時間をかけて、母自身も私のペニスを味わっているのをしっかりと感じられる舌づかいと唇づかいです。

「ああ……母さん、気持ちいいよ!」

唾液で全体をドロドロにして、さらにそこを舌先で責め立ててきます。裏筋をていねいになぞり、亀頭のカリを舌先で一周してきます。どれもこれも、これまで毎日肌を合わせる中で母が覚えた、私の感じるポイントです。

もう出る。そんな射精直前の脈動が出たタイミングで、母は私のペニスをノドまで咥えました。そして私の射精を受け止めてくれたのです。

いつもこうでした。女性器に挿入する前に、フェラで抜いてくれたのです。それをこの最後の近親相姦でも、変わることなくそうしてくれたのです。

立ち上がった母の唇が、私の唇を奪います。舌を絡ませ合いながらペニスを刺激されると、射精直後でもすぐに回復します。これも毎回のことでした。

激しく絡み合い、お互いの着ているものを脱がせ合いました。肌が露《あらわ》になって触れ合うと、母の肌もこれまで以上に熱くなっているのを感じました。

「母さん、見せて……」

喘ぐように私が求めると、母はそのままテーブルの上に座り、目の前で大きく脚を広げました。父や妹も使う食卓の上でこんな行為に及ぶことに興奮させられました。

顔のすぐ前に、そのころにはもう見慣れたものになっていた大きな母の肉ヒダがありました。この肉ヒダを味わえるのも、もう最後なのだと思いました。

私は舌を突き出し、口を大きく開けて性器全体を舐めまくりました。

「あぐっ……むぐっ！」

唾液がとめどなく溢れ、全体を舐めながら徐々にクリや膣口などの核心部分を責め立てました。母の喘ぎ声もどんどん高くなっていきます。

「母さん……生で……入れさせて……」

私が懇願すると、母は無言でうなずいてくれました。私は感動しました。それまでゴムなしでしたことは、なかったのです。

私は体を起こして、すでに発射寸前というくらいに熱くなっているペニスを自分で握り締めました。母もそれに合わせてテーブルの上におろした腰を突き出します。

「いくよ……」

私の亀頭が、母の生の肉ヒダに包まれました。じっくり味わいたかったのに、私はたまらず根元まで一気に貫いてしまいました。そうせずにいられなかったのです。

「あうっ！」

背中を弓なりに反らせて、母が悶えました。眉根にしわを寄せているその表情は、苦悶《くもん》しているかのようでしたが、下半身は私をむさぼるように激しくうごめいていました。

ピストンしながら、母の乳首に吸いつきました。口の中でふくらんでいく乳首を味わいながら、いま母のあのピンクの粘膜に自分のペニスがじかに触れているのだと思うと、溢れ出す衝動が抑えきれなくなるほどでした。

言葉にならない声でうめきながら、私は母の下半身に全身でぶつかりました。

母の愛液の分泌具合も、それまでにないほどでした。じゅぶ、ぐちゅと、聞いたことのないような、いやらしい大きな音がしていました。

「もう……出る！」

その言葉を言えたのかどうか、私の記憶はあいまいです。ペニスを抜くより早く、私は母の中で果ててしまったのです。ピンクの粘膜を包む大きな紫色の肉ヒダを、大量の精液が汚していたその光景だけは、いまでもはっきりと記憶しています。

このときのセックスを最後に、母との禁断の関係にはピリオドを打ちました。


就職してからはバリバリ、それまでのぶんも働きました。やがて私は実家を出て暮らすようになり、いまでは職場結婚して子どももいます。母の包み込むようなセックスで私は引きこもり地獄から救われ、真人間になれたのです。

そういえば、まだ母と関係を持っている最中の時期に一度だけ、ネット掲示板に自分が母親と近親相姦していることを書き込んだことがありました。掲示板の住人からは、ネタ扱いされてほとんど信じてもらえませんでした。でもそんなことを書き込む自分が怖くなって、ネットと距離を置くようになった記憶があります。

現在、高齢の引きこもりが増えているというニュースを目にするたびに、自分もそうなっていたかもしれないと怖くなります。

そして母への感謝の念と、あのときの興奮で胸がいっぱいになるのです。

学生運動にはまる純粋な実弟に迫られ凶暴な極太ペニスを迎え入れる美人姉

平田和子　無職　八十二歳

あれは、およそ五十年前の話になります。

その日、いつものように会社から帰ってきてアパートのドアを開けると、物陰からいきなり人影が現れて、私といっしょに部屋の中に駆け込んできたんです。

あまりにも驚きすぎて、悲鳴も出ませんでした。だけど、それはかえって幸運なことでした。だって、その不審者は、私の弟の昭彦《あきひこ》だったんです。もしも悲鳴をあげていたら、近所の人たちに平謝りしなければいけないところでした。

「なによ、びっくりさせないでよ！」

私が文句を言うと、弟はドアの外を気にしながら小声でささやきました。

「ごめん、姉さん。ちょっと匿《かくま》ってくれ」

そして、よろけるようにして、玄関に座り込んだんです。よく見ると、頭にケガをしているようで、ひたいからこめかみにかけて血が流れていました。

「ちょっと、そのケガ、どうしたのよ？　いま、手当てをしてあげるから、とりあえず上がりなさい」

部屋に上がって明かりをつけてよく見ると、ひたいの生え際にケガはしているものの、それほど大したことはなかったので、オキシドールで消毒し、赤チンを塗って包帯を巻いてあげました。

これでひと安心とホッとすると同時に、また腹が立ってきました。

「あんた、いったいなにをやらかしてきたの？」

しつこく問い詰めると、弟はしぶしぶ教えてくれました。なんでも、ほかのセクトのメンバーに襲われて、命からがら逃げてきたというのです。

弟は当時、二十五歳になっても大学に残り、学生運動をしていたんです。そして、いわゆる内ゲバというやつで襲われたということでした。

「ほんとにもう、あんたは周りの人に迷惑ばかりかけて……」

私は包帯を巻いた弟の頭を軽く小突いてやりました。

「痛いなあ。やめろよ。傷口が開いたらどうするんだよ」

「そんなのかすり傷よ。どうせならもっと思いっきり鉄パイプで殴ってもらったらよかったのに。そしたら少しは懲《こ》りたんじゃないの」

「ひどいなあ……」

ふだんならなにやら難しい屁理屈をこねて私を論破しようとする弟なのですが、その日はさすがにショックを受けていたのか、こっちが拍子抜けするほどおとなしかったんです。

結局、それ以上文句を言うのもかわいそうになり、私は弟に言ってやりました。

「お腹すいてるんじゃないの？　いま、晩ご飯を作るからちょっと待ってて」

手早く簡単な料理を作り、テーブルに並べました。そして向かい合って食事を始めたのですが、姉弟二人っきりになるのは久しぶりなので、なにを話していいかわかりません。

それでもまだ食事をしている間は、ただ黙々と食べていればよかったのですが、食べ終わってしまうと、間がもたないんです。テレビをつけていましたが、沈黙は重苦しく、それにこらえかねたように弟が唐突に言いました。

「姉さんはどうして結婚しないんだよ？」

私はそのころ、三十二歳でまだ独身でした。当時としては完全な行き遅れです。

実は縁談は何度もあったのですが、弟が学生運動をしていたことが原因で全部破談になっていたんです。

私がどう答えたらいいか困っていると、頭のいい弟はすべてを察したようでした。

「やっぱり俺みたいな弟がいたら、相手もいやがるよな……」

「そんなことないわ。あんたのせいなんかじゃない」

弟の声が弱々しかったから、私はつい強い口調で言いました。すると、弟はじっと私の目を見つめて言うんです。

「ごめんよ、姉さん……さびしい思いをさせちまって」

そう言う弟の口調に、私は何かふだんとは違う、異性に対する思いのようなものを感じました。そのせいでしょうか、私はついポロッと口に出してしまったんです。

「それなら、あんたが慰《なぐさ》めてよ」

それは以前から、ずっと考えていたことでした。

実は私は、子どものころからずば抜けて頭がよかった弟に、ずっと恋愛感情に近いものを持っていたんです。だから彼が「日本を変えたい」という意志で学生運動に没頭することも応援していたのでした。

だけど、私と昭彦は血のつながった姉弟です。そんなことが許されるわけがありません。そう思って、胸の中にしまい込んでいたというのに……。

弟も驚いているようです。私はとっさにごまかしました。

「うそ、うそ。冗談よ」

だけど弟は真剣な表情のままなんです。そして、いきなり私を抱き締めました。

「姉さん……俺、前から姉さんのことが好きだったんだ！」

それはもちろん、姉弟としての「好き」という意味ではないとわかりました。そして私も弟をきつく抱き締めながら言ってしまいました。

「私もよ……昭彦のことが好き！」

「姉さん……」

いったん体を離し、弟は今度は唇を重ねてきました。

「ううう……」

私もキスを返し、さらには弟の唇をこじ開けるようにして口の中に舌をねじ込みました。すると弟も、私の舌に自分の舌を絡めてきました。

私たちはピチャピチャと唾液を鳴らしながら舌を絡ませつづけました。それだけで私は体の奥が熱くほてり、下着がぐっしょりと濡れてしまうのでした。

弟はキスをしながら、服の上から私の胸をもみはじめました。

「だ、ダメよ。やっぱりダメ！」

とっさに私は体を離しました。だけど、若い弟は、もう自分を抑えきれないようで、飢えた獣のようにまた抱きついてくるんです。

その勢いで、私は畳の上にあおむけに倒れ込みました。

「あぁぁぁん……ダメよ、こんなこと……」

言葉では拒否しながらも、私はほとんど抵抗しませんでした。心の中では弟とこういう関係になることをずっと望んでいたからです。

罪の意識はもちろんありましたが、そのときが来て、よろこびに体が震えてしまうほどでした。

そんな私の気持ちを感じとった弟は、ブラウスのボタンを全部はずし、ブラジャーを押し上げるようにして乳房を剝き出しにしました。

「姉さん！」

弟は乳房に食らいついてきました。そして、まるで乳飲み児《ちのみご》のように乳首を吸い、舌で舐め転がし、前歯で軽く嚙まれると、私は体をのけぞらせて悩ましい声を張りあげてしまうのでした。

「あっあああん……」

弟は乳房を舐めることだけでは飽き足らず、スカートをたくし上げて下着の上から私の股間を愛撫しはじめました。

「あっはあぁ……ああぁん……はあぁぁん！」

指を押しつける力を強めたり弱めたりされると、アソコがクチュクチュと鳴るんです。もう愛液が大量に溢れ出ていました。

「なんだかいやらしい音が鳴ってるんだけど。姉さんのここ、どうなってるか見せてくれよ」

そう言うと、弟は下着を脱がそうとするんです。

「あっ、ダメよ。こんな明るい場所でなんて、恥ずかしいわ」

私はとっさに両手で下着を押さえました。

「いいじゃないか。昔、見せてくれただろ？」

「……昔？」

「お医者さんごっこをしたときのことだよ。あのころから、俺はずっと姉さんのことが好きだったんだ。だけど、まだセックスも知らなかったから、ただ姉さんの毛も生えていない割れ目を見て興奮していただけだったけど、いまならいっぱい気持ちよくしてあげることもできるよ」

確かにお医者さんごっこをしたことは私も覚えていました。あれは私が小学校六年生で、弟が幼稚園生だったころのはずです。

どういういきさつでそんなことになったのかは覚えていませんが、弟にねだられるまま、パンツを脱いでアソコを見せてやったことがあったんです。でも、そのことを母親に知られて無茶苦茶怒られました。それ以降、二人の間で「お医者さんごっこ」という言葉は禁句になっていたのでした。

「なあ、いいだろ？」

私がぼんやりと当時のことを思い出していると、弟は無理やり下着を引っぱりおろしてしまいました。

「あぁぁん……わかったわ。じゃあ、気持ちよくしてちょうだい」

「姉さん……よし、任せとけ」

弟は私の両脚を左右に開かせると、土下座でもするような体勢で股間に顔を近づけてきました。

「ああ……すごいよ、姉さん！　昔はツルツルだったのに、いまはもう陰毛がわしゃわしゃ生えてるよ」

「はあぁぁん……あたりまえじゃないの。もう、大人なんだもの。あぁぁん、見てないで、気持ちよくしてくれるんじゃなかったの？」

「わかってるよ。こうされると気持ちいいんだろ？」

弟は土下座ポーズのまま、私の股間に口づけをしました。そして、さっき上の口にしたのと同じように、下の口にディープキスをしはじめたんです。

舌がレロレロと割れ目の奥を動き回り、強烈な快感が私に襲いかかりました。

そして、いつしか弟は畳の上に腹ばいになり、さらに激しく私の陰部を舐めはじめました。その舌の愛撫が徐々にいちばん敏感な部分に集中してくるんです。

「ああんっ……いい……それ、すごく気持ちいいわっ！」

その舐め方は、女の体を知り尽くしているといった感じです。意外なことに、弟は女性経験がかなり豊富だったようなのです。

そのことに嫉妬《しっと》しながらも、私は弟が舐めやすいようにと両膝を抱え込んで陰部を突き出してあげました。

「姉さん、気持ちいいんだね？　じゃあ、こういうのはどうだい？」

そう言うと、弟はさっき乳首にしたのと同じようにクリトリスに吸いつき、舌で転がすように舐め回し、さらには前歯で軽く噛んでみせるのでした。

すでにパンパンに勃起していたクリトリスに、その刺激は強烈すぎます。

「ああっ……だ……ダメ！　はああん、イク……あああん、イッちゃううう！」

ビクンと腰をふるわせて、私はあっさりとイッてしまいました。

「どう？　俺、けっこうじょうずだろ？」

口の周りを唾液と愛液にぬらぬら光らせながら、弟は得意げに言いました。

その顔を見ていると、不意に対抗心が込み上げてきました。私と弟は七歳離れています。だから子どものころは、なにをやっても私のほうが上だったんです。そのころの感覚がまだ残っていました。

それに、世間はウーマンリブ喧《けたたま》しい時代でした。男に一方的に気持ちよくしてもらっているなんて、ナンセンスなことだったんです。

「まあね。確かにじょうずだけど、私だってそれなりに経験があるんですからね。さあ、あんたも脱ぎなさい」

弟のズボンとブリーフをいっしょに引っぱりおろすと、勃起した赤黒いペニスが勢いよく飛び出しました。

「な……なんなの、あんた……」

私は驚きの声を洩らしてしまいました。すると弟は得意げに言うんです。

「姉さんのオマ〇コを舐めて、興奮しちゃったんだよ」

そして、下腹に力を込めて、手を触れずにペニスをビクンビクンと動かしてみせるんです。

「はあぁ……なにその動き!? あぁぁん……いやらしすぎるわ」

体の奥から欲情が込み上げてくるんです。私は勝ち誇ったように見つめる弟の視線を感じながらも、ペニスに食らいついてしまうのでした。

「うぐ……ぐぐ……」

私は口の中の粘膜でねっとりとペニスを締めつけ、首を前後に動かしつづけました。苦しくてむせ返りそうになるのですが、その苦しさがまた快感なんです。そして、弟にもそのフェラチオはかなりの快感のようでした。

「ううっ……姉さん……それ、気持ちいいよ。うう……」

弟は両手を体の後ろに回して、私がしゃぶりやすいように股間を突き出しながら、苦しげな声で言うんです。

その気持ちよさそうな様子にうれしくなりながら、私はフェラチオを続けました。

ただがむしゃらにしゃぶるだけではなく、根元から先端にかけて裏筋に舌先を這わせたり、カリクビをチロチロとくすぐるように舐めたり、亀頭の先端をほじくるように舐めたり、持てるテクをすべて駆使して弟のペニスを愛撫してあげました。

すると、弟が不意に泣きそうな声で言いました。

「あぁっ……だ、ダメだよ、姉さん。このままだとすぐにイッちゃうよ。でも、どうせなら……」

弟が腰を引くと、私の口の中からペニスがずるんと抜けて、唾液をまき散らしながら亀頭を跳ね上げました。そして、まっすぐ天井を向いたまま、ピクピクと痙攣しているんです。

唾液に濡れたその姿はいやらしすぎます。そして、そんな逞しいものを自分の中に挿入されたら……と考えただけで、子宮がキュンキュン疼いてしまうのでした。

「いいわ。入れて。昭彦のその逞しいオチ○チンで、私を気持ちよくして」

私は部屋の隅に畳んであった布団をすばやく敷き、その上にあおむけになって、弟に向けて股を開いてあげました。

「姉さん……ほんとうにいいんだね？　俺、この瞬間を何度夢に見たことか……」

弟は私の股の間に体を移動させると、ペニスを右手でつかんで亀頭を押し下げ、その先端を膣口に当てました。

「あぁぁん……来てぇ……はっあぁん！」

私の言葉が終わる前に、弟はグイッと腰を押しつけてきました。

するとすでにヌルヌルになっていた私のアソコに、弟の大きなペニスが簡単にすべり込んできました。

「ううう……すごく温かくて気持ちいいよ。俺……ほんとうに姉さんとセックスするのが夢だったんだ。あああ、最高な気分だよ！」

うれしそうに言う弟のペニスが、私の中でピクンピクンと痙攣しているんです。その些細な動きが、子宮にジンジン響くのでした。

「あぁぁぁん……昭彦……動かして……奥のほうをいっぱいかき回してぇ！」

「いいよ。こういうのでどうだい？」

弟は腰を前後に動かしてペニスを抜き差ししはじめました。そして、その動きに円を描くような動きをつけ足すんです。アソコの中をまんべんなくこすられるその動きに、私の体は猛烈に反応していきました。

「あっ、ダメ……あああん……それ、それ気持ちいい……あああぁん！」

「俺も気持ちいいよ。姉さんのオマ○コがキュッ、キュッって締めつけてくるんだ。あああ……姉さん、好きだよ！　ううう……」

弟はペニスで膣奥をかき回しながら、またキスをしてきました。私もそれを受け止めて、舌を絡め返しました。上と下でつながりあった場所が、クチュクチュ、グチュグチュと鳴るんです。

だけど、弟が腰の動きをセーブしているのが伝わってきました。フェラチオですでに射精寸前まで高まっていたので、激しく動いたらすぐに限界に達してしまいそうなのでしょう。

どうせなら思いっきり弟とセックスをしたかった私は、ゴロンと横に転がるようにして上になりました。

「今度は……私が動いてあげるわ」

そして、上体を起こすと、そのまま腰を前後左右に動かしはじめました。

「えっ？　姉さん……ううう……す、すごいよ！」

弟は下から手を伸ばして私の乳房をもみながら、うっとりとした表情で言うんです。その顔は、小さな子どものころのように無垢《むく》な感じです。

「ねえ……もう危険なことはやめてちょうだい」

私はふと腰の動きを止めて言いました。

「な……なんだよ、藪から棒に」

弟はほてった顔でたずねます。

「約束して。約束できないなら、これで終わりにするわ」

私は腰を上げてペニスを抜こうとしました。

「待って！」

完全に抜けきる手前で、私は動きを止めて弟を見おろし、次の言葉が続くのを待ちました。

「……わかったよ、もうやめる。だから、このままイカせてくれ」

「ありがとう、昭彦。いっしょにイキましょう……」

私は再びお尻をおろしてペニスを根元まで呑み込むと、腰を前後左右に動かしはじめました。

「ああっ……いいよ。うう、姉さん……気持ちいい！」

「私も……あああん……気持ちいい……はあああん！」

つながりあった部分がグチュグチュ鳴り、濃厚な本気汁がペニスの根元に溜まっていきました。そして私の体の奥からはエクスタシーの予感が込み上げてくるんです。

「はああん……イキそうよ。はあああっ……も、もうダメ、あああ！」

「ううっ……お、俺ももう……あああ、出る……出る出る出る……はっううう！」

弟のペニスが膣の中でぶわっとふくらんだかと思うと、ビクンと激しく脈動し、子宮めがけて熱い体液がほとばしるのがわかりました。その刺激が、私をエクスタシーへと導くんです。

「あああぁん！　イック～んんん！」

全身が硬直し、その直後、私は骨を抜かれたようにぐにゃりと弟の上に倒れ込んだのでした。

弟とセックスをしたのは、それ一度だけです。

あのとき、もしも弟の子どもを身ごもっていたらどんな人生だっただろうかと、ときどき考えるんですが、幸か不幸かそんなことにはなりませんでした。

弟はその後、約束どおり学生運動から足を洗って就職しました。本当は弟もやめるきっかけを求めていたんだと思うんです。

もともと頭がよくてリーダーシップがあった弟は、その会社で専務まで勤め上げ、いまはもう退職して、息子夫婦と孫に囲まれて幸せな隠居生活を送っています。

そういう私も無事に結婚し、子どもや孫にも恵まれて、幸せに暮らしているんです。

弟との一夜のことは、いまとなっては古い映画の中の出来事のようで、あんなことがほんとうにあったのかなといった気分になってしまいます。

だけど、それを弟に確かめようとは思いません。だって、血のつながった姉と弟が肉体関係を持つなんて、やはり許されないことですから。

バブル崩壊直後に仕事を失った私は熟義母の豊満な肉体を精液で汚し……

内村 譲　会社員　四十八歳

私が親の反対を押しきって妻と学生結婚をしたのは一九九三年、バブル崩壊直後のことでした。お立ち台なんかに縁はなく、当時流行《はや》っていた「清貧《せいひん》」の言葉どおり、妻とそれぞれにアルバイトをしながら妻の実家近くの小さなアパートで暮らしていました。お互い学校に通いながらでしたし、親の援助もまったく期待できませんでしたから生活費は常にカツカツの状態でした。

そんな折、少し気の短いところのある私が勤め先の社員とケンカをしてクビになってしまい、大あわてで新しい仕事を見つけなければならなくなりました。しかし不景気のさなかに、時間の融通が利《き》いてそれなりの収入が得られるところとなると簡単には見つけられません。

とりあえずはどんなところでもいいからと藁《わら》にもすがる思いになったとき、義母の幸子さんがパートで働いている個人商店で男の働き手を探していると聞き、待遇が思いのほかよかったこともあって、お世話になることにしたのです。

当時四十代半ばだった幸子《さちこ》さんは、若いころに離婚して女手ひとつで妻を育ててきた、小柄ながらにエネルギッシュな人でした。

結婚に反対していたのはもっぱら私の両親で、幸子さんは一貫しておおらかに私たちを応援してくれていました。笑顔が明るく、トランジスタグラマーなムチムチのボディで、レストランで初めて紹介されたときに着てきた薄い水色のスーツが、そういうデザインではないのにボディコンみたいに見えました。

「もうワンサイズ大きいのを買えばいいのに」と妻はあきれていましたが、基本的に豪快な性格らしい幸子さんは「丈に合わせるとどうしてもピチピチになっちゃうのよ」と気にする様子もありませんでした。それどころか「男の人はダブダブよりピチピチのほうが好きよねえ?」と、大きな胸を腕で寄せて上げて、私をドキマギさせました。

包容力があっておもしろく、そしてちょっと男の本能を刺激してくる年上の魅力的な女性というのが、私から見る幸子さんの印象でした。

ですから、顔を合わせた回数こそ多くはなかったものの、幸子さんといっしょに働けるというのは、私にとってけっしていやなことではありませんでした。もちろん、だからといって義理の母のことを最初から妙な目で見ていたわけではありません。むしろ私としては感謝の気持ちでいっぱいだったのです。

新たなバイト先となった個人商店は元が酒屋で、数年前から生鮮食品や日用雑貨を扱うようになった小規模なスーパーのような店でした。店主の青木《あおき》さんはいつも酒屋の前かけをしている、頭頂部がツルりと禿げた五十代の恰幅《かっぷく》のいいおじさんでした。「ここんとこ、力仕事がキツくなってきちゃってさ。学生さんに来てもらえると助かるよ」と、威張ったところなどまったくなく気さくに接してくれました。

私は家で威張り散らしている父親が大嫌いだったので、威張った人を見るとすぐにカチンと来てしまい、それで前のバイト先にもいられなくなったのです。

店にはもう一人「ばあば」と呼ばれる店長のお母さんがいました。ばあばはほとんどレジだけを担当していて、店にいないこともよくありました。そのため私の仕事は配達用の酒や米を車に積み込んだり、届いた商品を仕分けして倉庫に保管したり、それとは逆に倉庫にある商品を必要に応じて店に出したりという丸っきりの力仕事になりましたが、いやな気分にもならず張りきって仕事をすることができました。

体を動かしながら幸子さんと雑談をするのも楽しく、最初は「譲《ゆずる》さん」と呼ばれていたのが「譲くん」になり、私も「お義母《かあ》さん」と呼ぶのをやめて「幸子さん」と呼ぶようになると、義理の母息子だということも忘れてしまうくらい打ち解けて接することができるようになりました。

そんなある日、ちょっとした事件が起きたことから、私たちの関係が大きく変わることになりました。幸子さんが店の通路で中腰になって作業をしているとき、後ろを通りかかった店長が幸子さんのお尻をペロンとなで上げるのを、近くにいた私が偶然に目撃したのがきっかけでした。

その日の幸子さんはベージュのチノパンツに白いポロシャツ姿で、相変わらず上下ともにピチピチでした。パンティやブラジャーの線が透けているどころか、レースの模様までくっきり浮き出しているありさまで、エプロンをしていなかったら目のやり場に困るくらいだったと思います。

そのパツンパツンに張り詰めた大きなお尻を、店長はかなり大胆に手のひら全体でさわっていました。驚いた幸子さんがピョンと背筋を伸ばして「もう店長、おいたはダメよ！」と両手で自分のお尻を押さえました。それに対して店長は「へへへ、お尻が大きすぎて通れなかったからさ。ごめんあそばせ」と、悪びれた様子もありません。

きっとこんなことは日常茶飯事だったのでしょう。その気配が感じられたからこそ、私は久しぶりにカーッと頭に血が上ってしまいました。「ちょっと店長、ぼくの義母《はは》に変なことしないでください！」と、ちょうどばあばがいなかったこともあり、その場へ飛び出していくなり強い口調で言ってしまいました。

店長は激しくうろたえて「いや、申し訳ない。ほんの冗談だったんだ。もうしない、もうしないから勘弁してくれ」と、親子ほど年の離れた私に平謝りをしてきました。するとと幸子さんも「いいのよ、譲くん、私のお尻なんて何の価値もないんだから。さわってもらってラッキーくらいのもんよ」と懸命にとりなそうとしてきました。

私は一度頭に来てしまうと、しばらく冷静になれなくなってしまう性格です。しかしこのときは、店長が言いわけも正当化もせずに謝ってくれていたこともあり、私としては珍しく「いいえ、わかっていただければいいんです」と、表向きはすぐに退《ひ》くことができました。

働き心地のいいこの職場を、失いたくないという気持ちもあったのだと思います。ただ、幸子さんの「私のお尻なんて何の価値もない」という言葉にだけは、どうしても反論しないわけにはいきませんでした。また幸子さんが店長をかばったことで、嫉妬《しっと》のような気持ちもわいていたような気がします。

後で店長が車で配達に出たのを見計らって、私は幸子さんに言いました。

「さっきは大きな声を出してすみませんでした。でもあんなこと……ぼくにとって幸子さんは大事な人ですし、それに……女性としての魅力だって……あるんですから。あんなふうにさわっていいものじゃないと思うし……だから、価値がないなんてことはけっしてないっていうか……」

自分でも何を言っているのかわからなくなり、顔が熱くなるのを感じました。すると幸子さんが「うれしいなぁ。そんなこと言ってくれるの譲くんだけだよ。そうやって見てくれてる人がいるなら、私もまだまだ女としての魅力に磨きをかけなきゃね」と、不意にこちらへ身を寄せてきて、頰にキスするまねをしたのです。

二の腕に乳房のふくらみが大胆に押し当てられ、ドキリとした私は顔だけでなく全身が熱くなるのを感じました。そしてクシャッとした笑みを見せて自分の仕事に戻っていく幸子さんの大きなお尻が揺れるのを見ながら、気がつくと股間を硬くしていたのです。

この出来事を境にして、私はいよいよ幸子さんのことを本格的に女性として意識するようになりました。一度そういう目で見はじめてしまうと、幸子さんは私の目には色気のかたまりのように映りました。店長をあんなに責めておいて何をやっているんだと思いつつ、大きなお尻に浮かび上がるパンティのラインをなぞるように見てしまったり、幸子さんが胸元の開いた服を着ているときには、前屈みになる瞬間を見逃すまいとして、つい胸ばかり見つめてしまったりしました。

幸子さんはその視線に気づいているのかいないのか、重い荷物をいっしょに持ったりするときなど、胸の谷間を惜しげもなく私の目にさらけ出していました。

ベージュ色のブラジャーからこぼれ出しそうな乳房は、まるで二つのスイカでした。こんなに乳房の大きな女性から生まれてきたのに、妻のバストはいたって普通で、そのことに何の不満があるわけでもなかったのですが、特大サイズのそれを目の当たりにすると、男としてどうしても本能を揺さぶられてしまいます。

また、幸子さんはときどきスカートをはいてくるのですが、しゃがんでする仕事が多いため、これもそのつもりで見張っていると、豊満な太ももの奥のパンティを結構な頻度でのぞき見ることができました。

生白い肉と肉に左右から圧《お》し潰されそうになっている三角形の布地を目にするとき、私はその奥の肉厚な性器の形状を、なまなましく想像しないではいられませんでした。

相手は義理の母だとわかっていても、いや、もしかしたらそうだからこそ、スリリングでゾクゾクするような興奮がわき上がってくるのです。

アパートの部屋に一人でいるとき、いつからか私は幸子さんとの禁じられた情事を想像してオナニーをするようになりました。こんなのはおかしい、異常なことだと思いつつ、会うたびに受ける性的な刺激に私の若い体はどうしようもなく反応してしまっていたのです。

もしかしたら幸子さんには、ちょっとだけ私をからかうというか、私の興奮を知りながら放置しておくことで、女としての自尊心を満たしたり、それを楽しんだりする気持ちがあったのかもしれません。その証拠の一つとして、以前よりも明らかにボディタッチが増えていました。

そうなると私もついさわり返したくなり、幸子さんの二の腕や背中の肉の感触をまるで痴漢のように味わうようになっていました。さりげなくさわっているふりをしながら、実際には指先に全神経を集中させているのです。

もちろんそんな場面を店長に見られるわけにはいきませんから、そこは十分に気をつけていました。だからこそ、まさか店長のほうも私の目を盗んでいたとは夢にも思っていなかったのです。

以前と同じく、まったくの偶然から私はその場面を見ることになりました。夜の八時に店が閉まり、いつものとおりに挨拶をして自転車で帰路についたのですが、忘れ物をしたことに気づいてすぐに戻ったのです。

その日、私は袋に穴の空いてしまったお米を店長からもらっていました。停めている自転車のかごに入れっぱなしにしていると重みで自転車が倒れてしまうので、仕事中は自転車のわきにそれを置いていたのですが、帰りにかごに入れて持って帰るつもりだったのを忘れてしまったのです。

店の前の道に自転車を停め、駐輪場代わりにしていた事務所裏の小さなスペースに歩いて回り込んでいくと、お米は元あった場所に置かれていました。それを持ち上げるときに事務所の窓にかかったブラインドのすき間から中が見え、私は茫然《ぼうぜん》として立ち尽くしました。デスク前の椅子に座った店長の前で幸子さんが床に膝をついた格好で前屈みになり、店長の股間に顔を埋《うず》めていたのです。

店長は黒いズボンをはいたままの格好でしたが、自分の手で酒屋の前かけを持ち上げていました。そして、チャックから勃起したものをニョッキリと露出させ、それを幸子さんがねっとりとしゃぶっていました。

私は店長の斜め後ろからその光景を見ていました。店長の前に置かれた小さなテレビで、レインボーブリッジが開通したニュースが流れていたのをよく覚えています。

最初は幸子さんが、無理やりにそういうことをさせられているのではないかと思いました。しかしすぐに、そうではないことがわかりました。

幸子さんは店長のものを片手で握り、しゃぶるだけでなく裏筋のほうを根元から先端に向けて舐め上げたり、亀頭に当てた舌をクルクル回したりしながら、笑みを含んだ上目づかいで店長の顔を見ていたのです。

私の心臓がドクンドクンと高鳴りました。その音は体内で鳴っているのではなく、耳のそばで鳴っているように大きく響いていました。

二人がそういう関係だったのだという事実を認めたくない気持ちと、幸子さんのいやらしい笑みが示す現実との狭間で、私は激しい嫉妬の炎に焼かれていました。しかし同時に、義母と義息という間柄である以上、私が店長にとって代わることはけっしてできないのだという事実もはっきりとわかっていました。

やがて店長が幸子さんの頭を両手で持つようにして、硬くみなぎったものを根元までしゃぶらせはじめました。幸子さんがそれにこたえ、頬を凹ませて咥え込みながら頭を上下に動かしました。

そのテンポに合わせて、着衣越しの乳房がユッサユッサと揺れていました。

気がつくと、私は痛いほどに勃起していました。そして、ジーパンの上から股間のふくらみに手を当てたとき、店長が顔を天井へ向けて絶頂に達しました。声までは聞こえませんでしたが射精したのは明らかでした。それも、幸子さんの口の中に……。私は勃起したままのものをどうすることもできないまま、幸子さんが店長の精液を飲み込む様子を見ていました。そのとき、幸子さんの目がこちらを向いて、驚いたように見開かれました。

私は店長が振り向く前に、米袋を胸に抱えて足音を立てないようにその場を後にしました。そして自転車に跨《また》がると、逃げるようにしてアパートへ帰ったのです。

家に帰っても胸の動悸《どうき》は治まりませんでした。先に帰宅していた妻に「具合でも悪いの?」と心配されたくらい、私は顔色まで悪くなっていたようです。

実際、頭の中はグチャグチャでした。幸子さんは覗いていたのが私だと気づいたのか。そして店長にそのことを言ったのかどうか。場合によってはもうあの店で働けなくなってしまうかもしれないと思うと、頭を抱えたくなりました。

妻に対しては「なんでもないよ。ちょっと飛ばしてきたから息が切れてるだけだ」とごまかしましたが、明日になったらどんな表情で幸子さんや店長と顔を合わせればいいかもわからず、とにかく気持ちが落ち着かなくて、その夜は満足に眠ることもできませんでした。

幸子さんと店長が事務所でしていたことを考えれば、二人がとうに深い仲だったことは明白でした。もしかすると、あの場所ではオーラルセックス以上のことが何度も行なわれていたのかもしれません。

店長が幸子さんのお尻にさわったくらいのことで怒っていた私は、まるでピエロでした。ましてや、店長の目を盗んでいるつもりで日々浮かれていたことを思うと、恥ずかしさのあまり叫び出しそうになるほどでした。

そして同時に、私の中には理不尽な怒りのような感情もわき上がってきていました。店長に対しての怒りは単純な嫉妬だと、自分でも理解できていました。しかし、私を挑発するような言動をしていた幸子さんに対しては、心のどこかでバカにされたような気がしてしまうのです。

もちろん、いまでは自分の幼さをこそ恥じています。ただこのときは、そんな勘違いをしてしまうほど幸子さんの魅力に取り憑かれてしまっていたのでした。

翌日、学校を終えて夕方前に店に行った私は、店長のいつもとまったく変わらない態度に心底からホッとしました。どうやら幸子さんは覗かれていたことを店長に話さなかったようです。もしも、あのタイミングで誰かが覗いていたとするならば、事務所裏を駐輪場にしている私が、真っ先に疑われることになるはずだからです。

しかし、このことは同時に、覗いていたのが私だと幸子さんが知っているということにもなりそうです。私は再び落ち着かない気持ちになりました。

たまたま近所へ使いに出ていた幸子さんが戻ってきたのは、それから二十分ほどしてからのことでした。入れ違いに店長が配達に出かけたのを、私は天の導きのように受け取りました。

幸子さんは店長に頼まれて倉庫で検品の作業をしていました。私はばあばに店番を頼むと、用事を作って倉庫へ入っていきました。

この日の幸子さんは、大きな花柄のプリントスカートに黄色いピチピチのTシャツという格好でした。生成《きな》りのエプロンが乳房で前へ押し出され、横からふくらみがハミ出していました。

もともとは、とにかく話をしていろいろなことをはっきりさせたいと思っていた私でしたが、ノートを手に検品しているその姿を見たとたん、不意にムラムラと込み上げてきた荒々しい衝動で、頭が真っ白になりました。

「あら、譲くん……おつかれさ……」

こちらに気づいて口を開いた幸子さんに、私は背後から抱き着いていました。そして、Tシャツとエプロンの間に腕を差し入れるなり、乳房のふくらみを乱暴にもみしだいていました。驚いた幸子さんが「あっ」と声をあげ「ちょっと譲くん！　どうしたのよ!?」と鋭く言って身をよじりました。

幸子さんの大きなお尻が私の股間にグイグイ当たり、その悩ましい弾力に私はますます猛《たけ》り狂いました。

「まさか店長とあんなことしてたなんてね。不潔だよ……そんな色狂いには、こういうのがたまらないんだろう？」

そう言いながらTシャツの前を一気にたくし上げました。私はけっして幸子さんのことをそんなふうに思っていたわけではありませんでした。しかし、口が勝手にひどい言葉をしゃべりだしてしまうのです。

「いつも見せつけるようにこんなイヤラしい格好をして……男を誘ってるじゃないか！」

私がブラジャーをずり上げると、幸子さんが「譲くん！」と小声で叫びながら乳房を両手で隠そうとしたので、私は今度は片手でスカートをまくり上げました。そして、幸子さんの手が下半身に移ったすきに、乳房を根元からつかんでもみ絞りました。夢にまで見たスイカサイズの乳房がゆがみながら飛び出し、肩越しに濃茶色の乳首が目に映りました。

「ああっ……だ、ダメッ……何をしてるの！」

動顚《どうてん》した様子の幸子さんの肌はじっとりと汗ばんでいました。その吸いつくような手ざわりとムンッと匂い立つ甘ずっぱい香りに、私の理性はどんどん溶かされていきました。

剝き出しの乳房をもみたくって乳首をつまみ、首筋を舐め上げ、片手をスカートの中に入れてパンティの上から秘所に指を喰い込ませました。

「い、いやっ！　私たち親子なのよ……ああっ、ダメよ、譲くんっ！」

「幸子さんだって感じてるじゃないか……濡れてるのわかるよ……乳首だってこんなにとがってる。こうしてほしくて誘ってたんだろう？」

それから、パンティの腰ゴムのところから手を突っ込んで性器に直接触れました。布越しにも明らかだったように、そこは熱い蜜でトロトロに濡れ落ちていました。

「あんっ！」

ビクンと身をふるわせた幸子さんが、ガクンガクンと膝を折りそうになりました。

「ほら、感じてる。いいんだよ、もっと気持ちよくなって。二人だけの秘密にしておけば何も問題ないだろう?」

自分がとんでもないことを言っているというのはわかっていました。でもこのときの私は、募《つの》りに募った思いを遂げることでいっぱいいっぱいになっていたのです。

そのとき、不意に幸子さんの抵抗する力がゆるみました。女性は四十代になると性欲が増すといいますが、幸子さんの反応はそれを証明するかのように敏感で力強いものでした。

性器に差し込まれた私の指は灼熱のぬかるみの中できつく締めつけられ、浅く開いた唇からは「あっ、あぁっ……んんっ」と明らかな歓喜の声が洩れはじめていました。

「ああっ、おかしくなっちゃう……ダメッ、ダメよ、譲くん!」

私は幸子さんの体をこちらへ向かせて、真正面から口づけをしました。そして口内に舌を差し込み、幸子さんの舌と絡ませながら強く抱き締め、股間のこわばりを幸子さんの下腹部にこすりつけました。

幸子さんは言葉とは裏腹にすでに脱力しきっていて、私が支えていないと立っていられない状態になっていました。幸子さんが淫らな女性だと本心から思っていたわけではありませんが、その肉体が非常に感じやすく、また性欲に溢れているのはまちがいないことのようでした。

私はそのまま幸子さんを床へ座らせると、自分のジーパンとパンツを膝までおろし、勃起したものを露《あらわ》にしました。

幸子さんは、目をトロンとさせたまま目の前にある私のものを口に含みました。そして、ジュブゥッ、ジュブゥッと湿った音を立てて、濃厚なフェラチオを始めました。

「くう……とっても気持ちいいよ……幸子さんっ！」

頬を凹ませた幸子さんの肉厚な粘膜で亀頭を激しくこすられていると、私はたちまち果ててしまいそうになりました。血のつながりこそないものの、相手は義理の母です。その意識がますます興奮を煽《あお》り立てていました。

私は早々に腰を引くと、黙ったまま見上げてくる幸子さんを床に寝かせて、一気におおい被さっていきました。こんなことをしていいわけがないとは思いながら、私は幸子さんのパンティを引きおろし、片足を抜かせて、いきり立ったものを幸子さんのぬかるみに押し当てました。

幸子さんはいっさいの抵抗をせず、それどころか私を迎え入れるように脚を大きく開いてくれました。ニチュウッという音とともに、私の性器は幸子さんの中に入っていました。私はもう一度濃厚な口づけをしながら腰を動かし、乳房を激しくもみ回しました。

私のあらゆる動きに幸子さんは敏感に反応し、ビクンビクンと身をわななかせ、声を抑えようとしながらもそれができずに、すすり泣きのような喘ぎを倉庫の中に響かせました。

これほど年上の女性と交わるのは初めての体験でしたが、幸子さんのボディは、肉の海のようなボリューム感をたたえていながらたるみがなく、どこもかしこもみずみずしく張りつめていました。

「ほんとうにすごいよ、幸子さん……ああっ、最高の体だ！」

「あぁっ……か、硬くて気持ちいいっ！　譲くんの……硬くて……奥まで届くっ！」

息も絶えだえにそう言った幸子さんの顔は、けっして見まちがいではなくうっとりと陶酔しているようでした。

私自身はともかく、幸子さんまでがこれほど行為に夢中になってくれたことは意外でしたが、逆に、もしそうでかなったらと思うと血の気が引く思いです。ともあれ、このときはゆっくりできる時間もなく、ケモノのようにひたすら腰を動かしつづけることしかできませんでした。

ただ、それでも幸子さんは、私が果てる前に二度か三度も絶頂に達していたようでした。だから私は、身も心も満ち足りた気持ちで射精をすることができました。避妊具などはつけていませんでしたから、精液は幸子さんの臍《へそ》のあたりにぶちまけるような格好になりました。

こうして、かなり強引なやり方で思いを遂げた私でしたが、いったんはスッキリしたような気になったものの、義理の親子という関係性を思うとき、当然ながら、ことはそう単純ではありませんでした。

まず、妻に対する罪悪感が襲ってきて、次には幸子さんに対しても申し訳ないことをしたという強烈な後悔の念がわいてきました。

幸子さんと店長の関係については、たとえば肉体だけの繋がりなのか、それとも真剣交際なのか、あえて保留のまま考えないようにしていました。

いずれにしても、私のしたことは許されることではありませんでしたし、これ以上の重荷を背負うことを避けたいという思いもあったからです。

そうであるにもかかわらず、私は店で幸子さんのムチムチとした肉体を見るたび、まるでタガがはずれてしまったように燃え上がる欲求にとらわれ、すきあらば幸子さんにセックスを求めるようになっていました。もちろん誰にも見られないように注意を払いながらですが、幸子さんはそのたびに私を受け入れてくれました。

交わる場所はたいていの場合は倉庫でした。私が挑めば、幸子さんは必ず敏感な反応を示して何度かの絶頂を味わっていました。

こんなことを繰り返した先に何があるのかわからないままに、私は幸子さんの肉体に溺れつづけました。

妻との営みもありましたが、幸子さんとのそれはまったくの別物でした。いわゆる愛情や性欲といったものとは別の何かが引き金となり、私の中に禍々《まがまが》しいような衝動を生み出してしまうのです。

二度目からは私がコンドームを用意するようになったので、行為の締めくくりはゴムをつけた状態で幸子さんの中に果てていました。

特に思い出深いのは、ばあばにレジを頼んでおいて、例の事務所でしたときのことでした。店長は配達に出て、暇な時間帯だったこともあり、ばあばは椅子に座ってウトウトしていました。それでも、倉庫と違ってレジまでは目と鼻と先ですから、非常にスリリングなセックスになりました。

私は、幸子さんに壁に手をつくように促《うなが》し、立ったまま後ろから貫きました。スカートをまくり上げ、エプロンは取らずにブラウスのボタンを開けて乳房を内側で露出させ、もみしだきながら腰を打ちつけました。

幸子さんは口に手を当てて声を押し殺し、髪を振り乱してのけぞるようにして絶頂しました。

私はさらに腰を動かしつづけ、とうとう立っていられなくなった幸子さんが床にへたり込んでしまうと、急いでコンドームをはずして、幸子さんの口に性器を突っ込み、口内でドクドクと射精したのです。

「飲んでくれますよね？」

私の言葉とともに、幸子さんは咽喉を鳴らしてすべて飲んでくれました。

あの日、幸子さんが店長のものを飲み込んだのを見ていなければこんな瞬間が訪れることもなかったわけで、そう思うとよかったのか悪かったのかはわかりません。

いずれにせよそのころになると、私はようやく何がしかの落ち着きを取り戻したような気持ちになっていました。

いまにして思えば、私は幸子さんの優しさに甘えるばかりの子どもだったのだと思います。両親に対しては思春期のころから反発するばかりで甘えることを知らなかったため、端的に言えば甘え方をまちがえていたのです。

気持ちのままに突っ走って結婚したものの、将来への不安でおし潰されそうになっていた私は、自分の弱さを認めることもできない軟弱者でした。幸子さんはそんな私を何もかも受け入れてくれました。それはほんとうに、何もかもをです。

おそらく幸子さんには、私という人間のすべてが見えていたのではないでしょうか。そのうえで、丸ごと包み込んでもらっているという意識が私の中にあったからこそ、幸子さんが店長と再婚をすると聞かされたときにも、素直にそれを受け入れることができました。幸子さんは私をそういうところまで持っていってくれたのです。

ちょうどドーハの悲劇で日本サッカーがW杯を逃したのと同じタイミングで、私はそのアルバイトを辞めました。店長には引き留められましたが、これ以上私が店にいるのはどう考えてもまちがっていると思ったからでした。

景気回復の糸口も見えない中、世の中はどちらかというと消沈気味でしたが、私は前向きな気持ちでした。

義父となった青木さんにはその後もずっとよくしてもらっており、妻と孫も含めてかわいがってもらっています。もちろん、あの一時期のことはいまでも私と幸子さんの胸の中にしまっています。

それは絶対に、墓場まで持っていかなければならない秘密なのです。

夏休みに帰郷した縁日の夜の秘め事
美しい叔母との禁断の童貞卒業SEX

岡村重之　無職　七十五歳

いまから五十三年前、集団就職で上京した私はある繊維工場に就職し、七年目を迎えていました。

同僚たちは恋や遊びに青春を謳歌していましたが、私は子どものときから生《き》まじめな性格で、二十二歳になっても恋はおろか、異性と手も握ったことのない日々を過ごしていました。

昭和四十二年、夏休みに帰郷したときのことです。遠方に嫁《とつ》いでいた叔母も里帰りしており、私は久方ぶりの再会にびっくりしました。

母の話では、同居している姑との折り合いが悪いうえに子どもができず、離縁して戻ってきたとのことでした。叔母の年齢は当時、三十八歳だったと思います。

子どものときから私をかわいがってくれ、とても大好きな人でした。

体がもともと弱かったこともあるのでしょうが、儚《はかな》げというか、独特の透明感があり、美しい人だなとひそかにあこがれていたんです。

傷心の叔母を慰《なぐさ》めてあげてと言われ、私はできるだけ母の実家に顔を出しては元気づけてあげました。

そして帰京する前日、地元の縁日へと連れ出したんです。

涼しげな目元にほっそりしたうなじと、浴衣姿の叔母は色白のせいか、やけに色っぽく、私は胸のときめきを抑えられませんでした。

縁日を回ったあと、土手で夕涼みをしていたところ、叔母がぽつりとつぶやきました。

「ごめんね……なんか、気をつかわせちゃったみたいで」

「気なんてつかってないし、叔母さんとゆっくり話せて、すごく楽しかったよ」

「友だちと遊びたかったんじゃないの?」

「一昨日、同窓会で顔を合わせたし、みんなそれなりに忙しいみたいだったから」

「彼女、放っておかれて、きっと怒ってるわよ」

「そんなのいないよ」

「東京にも?」

「つきあったことなんて……ないよ」

「明日には、東京に戻っちゃうんだね」

「……うん」

あのとき、叔母が何を考えていたのかはわかりません。叔母は私をそっと抱き締め、唇を重ね合わせてきたのです。生まれて初めてのキスに頭の中がグラグラと煮え立ちました。

「ん、んむぅっ」

息継ぎの仕方がわからず、とにかく苦しくて、ファーストキスの感動を味わう余裕すらありませんでした。

ぬちゃっという音とともに彼女の舌が口の中に侵入してきたとたん、甘い吐息が吹きこまれ、私の昂奮は最高潮に達しました。

なんと私は、キスだけでパンツの中に発射してしまったんです。

「む、むほぉっ！」

全身をビクビクふるわせたことから、叔母は異常を察したのだと思います。唇を離し、眉をひそめて問いかけました。

「……どうしたの？」

「あ、あ……」

「ひょっとして……出ちゃったの？」

死にたくなるほど情けなくて、何も答えられずにうつむいていると、叔母は私の手を引っぱって家に連れ帰ってくれました。

その日、叔母と祖母は私の家に泊まる予定で、家には誰もいませんでした。

「お風呂に入ってらっしゃい。パンツは洗っておくから」

「そ、そんなことしなくていいよ」

「いいから、早く入ってらっしゃい」

「でも……早く家に帰らないと、おばあちゃんが心配して、様子を見に帰ってくるんじゃない？」

思わず不安を口にすると、彼女はにっこり笑って答えました。

「大丈夫よ、電話しとくから。そうね……重《しげ》ちゃんが土手で足をすべらせて、川に落ちちゃったことにするわ。一時間後ぐらいに行くからって、伝えておくから」

「わかった……でも、ほんとうにパンツは洗わなくていいからね。ノーパンで帰るから」

恥ずかしさから視線を逸《そ》らして浴室に入り服を脱ぐと、下着の裏地には大量の精液が付着していて、生臭い匂いが鼻先に漂いました。

私は汚れたパンツを脱衣籠の縁にかけ、浴室に飛びこみ、シャワーで汚れた恥部を洗い流しました。

再び情けなさが込み上げたのですが、先ほどのキスを思い出しただけで、またもや胸のあたりがざわざわしだしたんです。

よこしまな思いを振り払い浴室を出たところで、バスタオルがないことに気づき、しかも置いてあったはずの下着がなくなっていたのですから、私はひたすら困惑するばかりでした。

「お、叔母さん！」

大声で呼びかけると、引き戸が音もなく開き、バスタオルを手にした叔母が涼しげな顔で脱衣場に入ってきました。

「わっ、わっ」

あわてて股間を手で隠すも、彼女は平然とした表情で近づいてきたんです。

「拭いてあげるわ」

「なっ、そ、そんな……子どもじゃないんだから、自分でするよ！」

「いいから、じっとしてて。こうなったのは、私の責任でもあるんだから」

叔母はそう言いながら、首筋にふんわりしたタオル生地を押し当てました。

「昔は、こうやって体を拭いてあげたわね」

「……うん」

「肩幅、広くなって……信じられないわ。私がお嫁に行ったときは、まだ小学生だったのに」

「あ、あの……」

「ん？」

「パ、パンツは……」

「洗っといたわ。アイロンをかけておいたから、もう乾いてるわよ」

あれほど恥ずかしい思いをしたのは、あとにも先にもなかったと思います。あこがれていた叔母に、精液がたっぷりついた下着を見られてしまったのですから。

口をつぐんでうつむいていると、タオルは背中、臀部、足に移り、そして私の体を回りこんで胸についたしずくを拭き取られました。

残るは一箇所のみで、とんでもない状況なのに、なぜか下腹部全体がムラムラしてきたんです。

「手、どけて」

「え？」

信じられない要求に愕然とするなか、叔母は手首をつかんで振り払おうとしました。

「い、いや、ここは……自分で拭くから」

「遠慮してるの？　重ちゃんらしくないわ」

大量の血液が股間に集中し、ペニスが手の中でみるみるふくらみました。

もちろん、欲情した姿を見せられるはずがありません。

身をひねって拒絶したのですが、この日の叔母は別人のごとく強気で、キッと睨《にら》みつけて言ったんです。

「重ちゃん、叔母さんの言うことが聞けないの？」

仕方なく股間から手を離すと、ペニスはすでに半勃起しており、全身の血があっという間に沸騰しました。

彼女はこれまた平然とした表情で男性器にタオルを押し当て、付着したしずくをやんわり拭き取りはじめたんです。

「うっ、うっ……」

荒々しい性欲を抑えこもうと必死になったものの、むだな努力でしかありませんでした。

自分の意思に反して硬い芯が入り、ペニスが下腹にべったり張りついてしまったんです。彼女は口元にかすかな笑みを浮かべ、タオルを股間から離してつぶやきました。

「まあ……若いのね」

そのときふと思ったのは、叔母は元旦那さんと豊富な営みをこなしてきたはずで、目の前の美女がなまなましい存在に変わり、もはや内からほとばしる欲情を止めることはできませんでした。

はあはあと荒い息をついた直後、しなやかな指がスッと伸び、ペニスに巻きついてきました。

「……あっ」

青筋がドクンと脈動し、天国に舞いのぼるような感覚に包まれたことはいまでもはっきり覚えています。

「あ、あ、叔母さん」

「ん、何?」

「そ、そんなこと……あ、くう」

勃起を軽くしごかれただけで凄まじい快感が押し寄せ、下半身に力が入らず、私は内股の体勢で立っているのがやっとという状況でした。

あこがれていた人から淫らな行為を受け、とても現実のことだとは思えず、異様な昂奮に脳みそが爆発しそうでした。

「すごいわぁ！　おチ○チン、カチカチ。すごく立派よ」

「は、ふぅ」

上品な叔母の口から男性器の俗称が放たれた瞬間、腰の奥に甘美な鈍痛が走り、危うく射精しそうになりました。

「く、く、くぅ……」

口をへの字に曲げたところでペニスから指が離れ、私はホッとしながら大きな息を吐きました。

「ねえ、私の部屋に来て」

「……え？」

叔母は私の手を握り、浴室の外に連れ出されると、素っ裸のまま廊下の奥を歩いていきました。

和室に入ると、そこには布団が敷かれており、私はドキリとすると同時に息を呑みました。

叔母は最初からその気だったのでしょうが、こちらは心臓がバクバクと音を立て、正常な状況判断などできる状態ではありませんでした。

「お、叔母さん……これって……」

「こんなおばちゃんじゃ、いやかしら？」

叔母は振り向くと、首に両手を回し、甘くささやきました。

もちろん、いやなはずがありません。

首を左右に振ると、彼女はうれしそうに笑い、またもや唇を重ねてきました。

今度はディープキスで舌を絡め、唾液を吸われました。当時は映画の中のソフトなキスのイメージしかなかったため、あまりの激しさに目を丸くしました。

猛烈な勢いで舌を吸われたあと、手のひらで勃起をまさぐられ、快感の風船が再びふくらみはじめました。

今度ばかりは暴発するわけにはいかない。ただその一心で、下腹に力を込めていたのではないかと思います。

長いキスが途切れると、叔母は私を布団に促しました。

「重ちゃん、あおむけに寝て」

言われるがままシーツに横たわると、彼女は電灯の紐を引っぱり、オレンジ色の光がさらに淫らな雰囲気に拍車をかけました。

叔母が帯をほどき、浴衣を脱いでいく姿を、私は瞬《まばた》きもせずに見つめていました。

薄い生地が畳にパサリと落ちると、なめらかな肌と豊かな乳房が目を射抜き、鼻の穴が目いっぱい開きました。

股のつけ根の黒々とした茂み、むっちりした太ももが、私の目には女神のように映っていました。

叔母は全裸になると、私におおい被さるように抱きつき、首筋から胸にキスの雨を浴びせました。そして唇を下腹部に移動させ、ペニスに舌を這わせてきたんです。

「あ、あ……」

いまでこそあたりまえの前戯ではありますが、あの時代、フェラチオはポピュラーな性技ではなく、心臓が止まるのではないかと思うほどびっくりしました。

彼女は勃起にたっぷりの唾液をなすりつけたあと、口の中に呑みこんでいきました。

「お、わあぁ」

「ンっ、ンっ」

首の打ち振りが開始されると同時に、この世のものとは思えない快感が身を貫き、私は両足を一直線に突っ張らせました。

まさにペニスがとろけるような感覚で、私は身を女の子のようにくねらせていたのではないかと思います。

ジュッポ、ジュッポと、いやらしい水音が響くたびに体温が上昇し、シーツをわしづかんで身悶《みもだ》えるばかりでした。

「お、叔母さぁん！」

あっという間に限界を迎えて大声をあげると、叔母はペニスを口から抜き取り、前髪をかき上げました。

そのときの色っぽさは、いまでもはっきりと目に焼きついています。

彼女は再び添い寝の体勢から、口元にチュッチュッとキスをしました。そして、私の手を股間に導いたんです。

「重ちゃんも……さわって」

「あ、あぁ、濡れてる」

「そうよ。女は昂奮すると、濡れるものなの」

「すごい……次々と溢れてくる」

女肉の狭間はやたらしっぽりしていて、愛液がとどまることなく溢れ出しました。

そこに抵抗感は少しもなく、やがて肉の突起をとらえると、叔母は体をピクンとひきつらせました。

「あ、ふう、はあぁ」

「ここが、気持ちいいの？」

「ええ、そこが女のいちばん感じるところなの……ン、ふわぁ」

小さな肉粒を集中的に責めたてると、喘ぎ声が徐々に高くなり、私は目を輝かせて叔母の表情を見つめました。


「重ちゃん、すごくうまいわ……もう我慢できないかも」

こちらもまったく同じ心境で、勃起はブンブンと頭を振っている状態でした。

彼女が体位を入れ替えてあおむけに寝ると、私は赤子のように抱きつき、乳房にむしゃぶりついて手のひらでもみしだきました。

ペロペロと舐め回す一方で、乳肌から伝わる柔らかさと温かみにびっくりしたことはよく覚えています。


「……来て」

愛撫に時間をかける余裕などあるはずもなく、私は身を起こしざま、ムチムチの太ももの間に腰を割り入れました。その瞬間、ぬらぬらの女肉が目に入り、生唾を飲みこんで凝視してしまったんです。

二枚のビラビラは外側に大きくめくれ上がり、狭間からぐちゅぐちゅの赤い粘膜が剝き出しになっていました。

頂点に息づくポッチがクリトリスだとはわかったのですが、初めて目の当たりにした大人の女性のあそこに胸がざわつきました。

「あ、やっ、見ないで！」

室内が薄暗いとはいえ、やはり恥ずかしかったのだと思います。叔母は眉尻を下げて身をくねらせたのですが、足を閉じることはできず、私は無意識のうちに指であそこをなでさすりました。

「く、はぁあぁ」

指は大量の愛液ですぐさまぬめり、テラテラと妖しく照り輝きました。

牡の本能の成せる業《わざ》か、私は身を屈め、女肉にかぶりついてベロベロと舐め回したんです。

「あ、だめっ！」

叔母はあわてて拒《こば》んだのですが、火のついた欲望を抑えられるはずもなく、無我夢中で舌をくねらせました。

甘ずっぱい味覚と、南国果実を思わせる匂いがほんのり香っていたことが、妙に記憶に残っています。

彼女は太ももで私の頬を挟んで抵抗したのですが、やがて力が抜け落ち、鼻にかかった喘ぎ声が聞こえはじめました。

「ンぅ、はぁ、やぁぁっ」

悩ましげな声を聞いているうちに我慢の限界に達し、私は身を起こしてペニスを膣内に押しこもうとしたのですが、まったく入らずに焦りまくりました。

ひたすら腰を突き出していると、叔母の細い手が伸びてペニスに巻きつき、膣の入り口に導かれました。

「おっ、おっ」

亀頭の先端がしっぽりした粘膜に包まれ、目も眩《くら》むような快感が押し寄せたところで、今度は膣壁がうねりながらペニスを手繰り寄せました。

「く、ううっ！」

とろとろの柔肉が、真綿のようにペニスを締めつけてくる感触に、頭の中がピンク色に染められました。

膣の中があんなに熱いものだとは夢にも思わず、私はしばらくの間、惚《ほう》けた表情で身をこわばらせていました。

「ああ、いい！　重ちゃんのおチ○チン、硬くて大きいわぁ」

いまにして思えば、単なるお世辞だったのかもしれません。でもあのときはすごくうれしくて、我に返ると同時に腰を無茶苦茶に振り立てました。

「あぁンっ！　焦らないでぇ」

「はっ、はっ、お、叔母さん」

指示どおりに腰のスピードを落とそうにも、気持ちよくて止まりませんでした。

ピストンのたびに柔らかい粘膜がペニスに絡みついてきて、身も心もとろけそうな快楽にどっぷりひたるしかなかったんです。

しかも叔母は、ヒップを揺すってペニスを引き絞るのですから、未熟な私が耐えられるはずもありません。入れてから三分と保《も》たず、目の前がチカチカしだし、精液が睾丸の中で暴れまくりました。

「あ、も、もう……」

「いいわ。出して、中に出して……あ、はぁあっ！」

ラストスパートとばかりに猛烈なピストンを繰り出すと、下半身が浮遊感に包まれ、中心部で渦巻いていた欲望のかたまりが四方八方に飛び散りました。

「お、叔母さん、俺、イクッ、イッちゃう！」

「出して、たくさん出してっ！」

「イクッ！　イックぅぅっ！」

勃起がドクンと脈動した次の瞬間、私は彼女の中に熱い男の証《あかし》をたっぷりと注ぎこみました。

射精したあともペニスは少しも萎《な》えず、インターバルを空けずに二回戦に挑戦しました。こうして、私は叔母相手に童貞を捧げたんです。

結局、私は合計三回も射精してしまい、大人になった喜びをみやげに帰京したのですが、その叔母が翌年肺炎を患《わずら》い急死したときには、悲しくて悲しくて涙が止まりませんでした。

いまでもお盆を迎えるたびに、叔母の優しげな笑顔を思い出してしまうんです。

〈第二章〉

憧れつづけた美叔母の淫らな本性

バブルとともに弾けた秘めた肉欲……息子の極硬棒でイキまくる淫乱実母!

藤野好子　介護士　六十五歳

あのころは未曾有《みぞう》の好景気に日本中が踊り狂っているみたいだったなどと語られますが、思えば私も時代とともにありました。

当時は価値観がはっきりしていて、高価であるかどうか、お金がかかっているかどうかだけが基準でした。住むなら港区、時計ならロレックス、車なら欧州車。男の価値は金をいくら稼げるか。そして女の価値は、金をいくら使ってもらえるかではかられました。

当時私は三十代の半ばで、十八歳になる一人息子がいました。

高校時代の彼氏との間にできた子ですが、結婚はしたものの一年も経《た》たずに別れていました。

バブルの真っただ中、銀座のクラブでホステスとして勤めていた私は、不動産投機で財を成した男に見初《みそ》められて、月に百二十万円の契約で愛人をしていました。百二十万円というと大金ですが、当時の生活費としては足りないくらいでしたから、ほかにも不定期で何人かとつきあって、彼らに貢《みつ》いでもらったお金の合計は毎月三百万円くらいだったと思います。

息子は高校を卒業して私立の四年制大学に入学したばかりでしたが、誰に似たのか地味系男子で、彼女もいないようでした。

こづかいもふんだんに与えていましたし、車も買い与えたのですが、それを使いこなしているとはいえませんでした。

母親としては、ふがいなく感じていましたが、そこは息子の人生ですから、あまり差し出がましいことも言えませんでした。

とにかく私は、全身どっぷりとバブルに浸《つ》かっていましたし、ほかの多くの日本人と同じく、ずっとそんな時代が続くと信じて疑っていませんでした。

でも誰もが知るように、バブル経済はパチンとはじけて、それこそ泡沫のように消え失せてしまいました。

みんな突然金回りが悪くなり、あっと言う間に貧乏になりました。

私に貢いでくれていた男たちも、みんなどこかへ行ってしまいました。奥さんのところに帰ったか、どこかで野垂れ死んだのかもしれません。

私と息子は港区の高級マンションを引き払って、中野区の貧乏アパートに引っ越さなくてはなりませんでした。

いまや一文無しで途方に暮れる私でした。突然にこれまでの生活がご破算になり、まるで抜け殻のようになって生きる気力もありませんでした。

ところが、息子は車を売り飛ばし、学費の高い大学もさっさと中退して、清掃員の仕事を始めました。たっぷり残業して毎日ゴミにまみれて働いても年収で三百万円あるかないかの仕事です。

そのくらいの金額を毎月貢がせていた私から見れば、みっともないやら情けないやら、泣くに泣けないような生活でした。

私は息子に申し訳なく、また不憫《ふびん》で仕方ありませんでしたが、息子は嬉々としていました。

「これが地に足つけてまっとうに生きる、本物の生き方というものだよ」

なんてことを言いました。

バブル基準では、貧乏人の僻《ひが》みということになるのでしょうが、私は息子の言葉を信じてもいいような気がしたものでした。

それでも、夜になると華やかな生活を思い出して泣き暮れる私を、息子は優しく抱き締めてくれました。

そのようにして、私たちは一線を越えることになったのです。

最初はただの親子の情愛溢れるハグでした。でも、力強い腕に抱えられ、男たちに愛された記憶が思い出されたのか、私の体の奥で女のスイッチが入ってしまったようでした。

私は息子にすがりつき、頰ずりしました。

「ああ……」

熱い吐息を洩らしながら、私は息子の頰に唇をつけ、そのまま唇にキスをしました。

「ちょ、ちょっと……お母さん！」

驚いて、私を引き離そうとする息子でしたが、離れませんでした。

「お願い。お母さん、キスしたいだけなの。もう少しだけ、こうさせて……」

無理に引き離されでもしたら、もうそのまま死んでしまうしかないという覚悟で、私はすがりつきました。

納得したのか観念したのか、息子もそれ以上抵抗するのはやめて、キスを返してくれました。

息子の唾液が舌に甘く感じられました。

「ああ……」

キスしながら、息子の手が私の胸をまさぐりました。ブラジャーはしていませんでしたから、ダイレクトな刺激がありました。

「……え？」

私は驚きました。何をいまさらと言われてしまいそうですが、私としてはキスしてもらえればそれでよかったのです。それ以上のことは想定外でした。

息子の手は、薄い部屋着の上から私の胸全体をまさぐり、重みを確かめるかのようにもみしだき、乳首を探って刺激しようとしていました。

「あ、ちょっと待って！　そこまでしなくてもいいから……」

息子は私から目をそらして答えません。いったん胸から手が離れ、ホッとしたのも束の間、息子の手は部屋着のすそから中へと侵入してきました。

「あ、ダメ！　それはダメ。そんなことされたら、お母さん困っちゃう……」

私は息子の手首をつかんでとめようとしましたが、男の力にかなうわけがありません。

息子の手が、私の乳房を直接わしづかみにしました。

「ああ！」

強い刺激に、私は悲鳴をあげて身を引こうとしましたが、もう一方の腕が背中に回っていたので離れることはかないませんでした。

「待って！　ねえ、待って！」

私は両手を突っ張って、息子の手から逃れようとしました。同時に目をそらしたままの彼の視線を捉えようとしました。

目を合わせて話せば、きっとわかってくれると思ったからでした。

でもそれは甘かったようです。息子は私に向き直って、私の目を見て言いました。

「ぼくは、お母さんが好きだ。本当のこと言うと、ずっとこうしたかったんだ」

そう言うと、息子はあらためて私の唇を奪いました。本気のキスでした。

「ああ、あむぅ……」

そんなことを言われて、私に何ができるでしょう。

後から聞いたことですが、息子は私が何人もの恋人を持って彼らに身を預けていることを、ずっと心苦しく思っていたのだそうです。嫉妬《しっと》で死にたくなることもあったとまで言いました。

息子は私の部屋着を引きむしって、露《あらわ》になった乳房にむしゃぶりつきました。

「あ、あんん！」

乳房全体がもみしだかれ、乳首が口の中に吸い取られ、舌先がまとわりつきます。

ちゅうちゅうと音を立てて吸うその様は、まるで授乳でした。

私は息子を母乳で育てておらず、ほとんど粉ミルクでした。母乳の出が悪かったのと、乳房の形が崩れるのがいやだったからです。

息子は与えられなかった母乳を取り戻すかのように、熱心に乳房をもみ、乳首を吸い上げるのでした。

「ああ、ごめんなさい……」

私は息子に責められているような気になって、よけいに抵抗する気をなくしました。

同時に性感神経が敏感に反応します。

「……はあぁあんん！」

それはすでに悲鳴ではなく喘ぎ声、もっと言うならヨガリ声でした。甘く鼻にかかった、男に媚《こ》びる女の声です。

下腹部が熱を持ち、子宮が重くなります。じわじわとしみ出した愛液がアソコに溢れ下着を濡らすのが自覚できました。

それを見越したかのようなタイミングで、息子の手が下半身に伸びました。

「ああ、ダメッ！　そこはほんとうにダメだから。お母さん、本気で困っちゃうからぁ……」

息子が聞く耳を持つわけもありませんでした。

その手は閉じた太ももの間に割り込み、バターナイフのようにやすやすと脚を開かせ、股間に到達します。

「あぁぁあ！」

下着の上から、性器全体をわしづかみにされました。乱暴な手つきは、息子の切実さの表れでした。

「こんなに濡れてる……ほんとうは気持ちいいんだね？」

恋人も作らない息子でしたが、そういう知識はちゃんと仕入れているようでした。

「違うぅ……そうじゃなくてぇ……」

何も違いません、そのとおりでした。気持ちよくて、私はびしょびしょにアソコを濡らしているのでした。

そこは狭いアパートです。背後には布団が敷いてありました。息子は私を押し倒して、下着をむしり取るように脱がせました。

なにも遮《さえぎ》るものがなくなった性器が、息子の目の前にさらされました。私は激しい羞恥に見舞われて、身の縮む思いでした。

「ああ、見ないで。お母さん、恥ずかしい……」

手で隠そうとしても払いのけられてしまいます。息子は、まじまじと私のアソコを食い入るように見てきました。

「ちょっとグロいけど、でも、きれいだね。ぼくは、ここから産まれてきたんだね」

そう言うと、息子は私の股間に顔を埋《うず》めました。

「ああ！　そ、そんなこと……」

まさかクンニリングスされるとは思いませんでした。心の準備もないままに受ける刺激は、性感神経を直撃し、私はのけぞって快感に喘ぎました。

「はぁあん！」

布団の上で身をよじって悶《もだ》え、シーツを握りしめて強すぎる刺激に耐えました。

息子はどこで覚えたのか、効果的にアソコを舐めしゃぶりました。

大陰唇をかき分けて膣口を舌でいじり、クリトリスへと舐め進んでは吸いつき、前歯で包皮を剝いて、舌先でじかにクリトリスへと刺激を送り込むのです。

私は身も世もなくヨガリ狂いました。

気がつくと絶頂が目の前にあり、驚かずにはいられませんでした。それほどに的確なクンニリングスだったのです。

「ああ、もうダメ。イッちゃう！　お母さん、イッちゃう！」

私の反応に自信を得たのか、息子はよりいっそう勢い込んでアソコを責め立てました。

「あああ！」

私は大声で叫んで、絶頂を迎えました。全身を緊張させ、ぴんと両脚を伸ばし、背筋をのけぞらせて、びくびくと痙攣しました。

「すごいね。感じやすいんだね」

気がつくと、息子が脱力した私を見おろしていました。

「だって、すごくじょうずなんだもん……」

私は消え入りそうな恥ずかしさに、小声でつぶやきました。

「ぼくのも舐めてくれる？」

息子はそう言うと衣服を脱ぎはじめました。断れませんでした。というより、断りたくなかったのです。

息子にアソコをさらし、舐めしゃぶられ、絶頂にまで追いやられて、いまさら体裁を取りつくろってどうなるでしょう。

こうなれば、もう相手の欲望を受け入れ、ただ自分の欲望に従うしかありませんでした。私も息子の裸を、おち◯ちんを、見たかったのです。

全裸になった息子を目の前にするのは、何年振りのことだったでしょうか。ずっと見ない間に小さな子どもだった息子は、立派な男の肉体に成長していました。

「……大人になったんだね。お母さん、全然気づかなかった」

「うん……」

息子は恥ずかし気に、でもどこか誇らし気にうなずきました。

私の目は彼の股間の屹立に向けられました。若々しいペニスが何のてらいもなく勃起していました。それは美しい光景でした。

私は息子の足元に跪《ひざまず》いて、ペニスに指を絡めました。

「素敵。お母さん、このおち◯ちん、好きよ！」

「お、お母さん！」

まだ色素沈着も薄く、きれいなピンク色の亀頭でした。私はそっとキスをして、そのまま舌を這わせました。

丸く同心円を描くようにカリの部分から中心に向かって舐めていきます。とがらせた舌先で尿道を刺激すると、カウパー腺液が舌先に塩味を感じさせました。

私はそれを舐め取って飲み下し、また舌を這わせます。今度は口を開けて亀頭全体を口に含みました。

「うっ……」

息子の心地よさそうな声が、頭上から聞こえました。上目づかいで見上げると、彼もこちらを見ていて、二人の目が合いました。

私は息子と視線を絡ませながら、フェラチオを続けました。

口の中に溢れる唾液は飲み込まずにあえて溢れさせ、それを絡めた指でぬるぬると茎に塗り伸ばします。

さらに滴《したた》る唾液をもう一方の手で受け止め、そのまま陰嚢に塗りたくりました。大きな玉が感じられる肉の袋を、ヨダレまみれの指先で優しくもみます。

「ううっ……」

快感に息子の腰が引けます。私はお尻に手を回して離さないようにしました。

思いきり舌を出して口を大きく開き、ペニスを限界まで深く呑み込みました。のどちんこに亀頭の先端が当たって嘔吐感がこみ上げましたが、それをこらえてなおも深く呑み込みます。そしてゆっくりと引き戻し、また深く呑み込む。その動きを繰り返してピストンしました。

「ああ……」

また息子が声をあげます。これまで聞いた男性の声の中で、いちばんかわいいと思いました。そのかわいさが胸を打ち、下半身をとろけさせます。

私は髪を振り乱し、一心不乱でフェラチオに集中しました。

「あ、あ、ダメだよ！　あんまり激しいと出しちゃいそうだよ……」

全然かまわない。むしろ望むところでした。息子の精液の味を舌先で存分に味わいたいと思っていました。

「いいよ、イッて！　全部出して！」

私はそう言って、フェラチオを再開しようとしましたが、息子はそれをさせませんでした。

「いやだ。このまま出したくない……その前に、お母さんのアソコに突っ込みたい！ちゃんと、セックスがしたいんだ」

それは、最も恐れていたことでした。ここまでその気になれば、息子もそれを望むでしょう。それでも、最後の最後で一線を越えることを私は躊躇《ちゅうちょ》していました。

実の息子のペニスを膣内に受け入れるのは、人としてあまりにも罪が深いのではないか。そう思えてならなかったのです。

射精さえしてしまえば、息子の欲望も落ち着くのではないかと期待したのですが、そうはなりませんでした。息子はあくまでも膣内挿入にこだわっていました。

「それは、いけないことだよ！　ちゃんとわかってる？」

「わかってるよ」

「それでも、したいんだね？」

息子は私の目を見てうなずきました。もう、受け入れるしかありませんでした。

「わかった……じゃあ、いいよ」

私は布団の上に寝そべり、両脚を開いて息子を受け入れました。彼は私におおいかぶさり、破裂寸前のペニスを私の股間に突き立てようとしました。

息子は童貞だったので、もちろんうまくはいきません。

「待って、落ち着いて。もっと、ゆっくり……」

私は手を伸ばしてペニスを逆手につかんで、膣口へと誘導しました。

亀頭を膣口に押しつけ、ぬるぬると愛液をなじませます。

「いいよ……そのままゆっくり腰に体重をかけてみて」

息子が腰を突き入れて、無事に亀頭は膣口の中に挿入されました。

「あ、温かい！　というか、熱い！　お母さんの中、すごく熱いよ……」

「うん。そういうものなの。それが女の体なの……ああぁっ！」

ゆっくりと、確実にペニスは私の膣を押し広げて、奥へ奥へと侵入してきました。しびれるような快感が背筋を駆け抜け、全身に広がります。

「あぁぁ！」

私は身をよじって衝撃を受け止めました。

次の瞬間、息子のペニスが私の膣内で弾けました。とても激しい射精でした。

「ううっ！」

どくどくと、すごい勢いで精液がほとばしるのを膣内に感じました。

「ごめんなさい、お母さん。もう出しちゃった……」

恥ずかしそうに謝る息子に、愛おしさが募《つの》ります。

「バカね。謝ることないの。このまま、こうしていればいいの」

私は下から息子に両腕を回して抱き締めました。彼もハグを返し、私たちは挿入したままで抱き合いました。

再び息子のペニスが勃起するのに、それほど時間はかかりませんでした。

私のアソコの中で、ぴくんと若いおち○ちんが跳ねました。捕まえた魚が手の中で跳ねるような感覚でした。

「え？　もう勃《た》つの？」

ものの五分もしないうちに、若いおち○ちんは先ほどと同じくらいの硬さを取り戻していきました。

「あ、あ、中で大きくなる！　えっ、そんなに？」

アソコを中から押し広げられるのは未知の感覚で、じっとしていることはできませんでした。体が勝手にうねり、腰が激しく動きます。

「き、気持ちいい！」

息子も負けじと、腰を使おうとしました。

「あ、待って、そうじゃないの。あわてないで……」

私は息子の下で半身を起こして彼を押しとどめました。

「私が上になるから……」

そう言って、私はペニスを挿入したまま息子をあおむけにして、その上に跨《また》がる騎乗位の格好になりました。

自由になった私の腰は、上下左右に、そして前後にもピストンしました。

そこには、私の意志はありません。私は息子の硬い腹筋に両手をつき、軽く腰を浮かせていただけです。

下半身が意志を持ったかのように、膣口にしっかりとペニスを咥え込んで、膣内の性感神経が具合よくこすれるように角度を調節して、尻を振り立てていました。

「ああ、気持ちいい！　すごい……」

息子の若いペニスは、ついさっき射精したばかりとは思えない完璧な勃起で、私の奔放な腰振りにこたえました。これまで私が相手にしていた中年男性のペニスとはまったく違いました。

「ああ、こんなの初めて……こんなに気持ちいいの、初めてなの！」

見おろすと、愛情のこもる視線で息子が私を見つめていました。

「あなたはどう？　気持ちいい？」

「うん……すごく気持ちいいよ！　これが、セックスなんだね」

私はこみ上げる愛おしさを抑えられずに、息子におおいかぶさって抱き締め、その唇と言わず頰と言わずキスの雨を降らせました。

「ねえ、今度は後ろからしてくれる？　できる？」

思わず口をついて出た言葉でしたが、言ってから後悔しました。

後背位は私が最も好きな体位でしたが、それにしても、自分からそんなことをおねだりするなんて。しかも実の息子を相手に。人はどこまで貪欲になれるのでしょう。

私はどこまではしたない女なのでしょう。

でも、すでに息子はそのつもりで体勢を変えようとしていましたし、いまさら後へも引けません。

私は尻を向けて四つん這いになりました。恥知らずにも、高々と尻を上げて息子の目の前に肛門までさらしました。

息子は膝立ちで私の背後に回り、尻の割れ目にペニスを向けました。学習が早く応用もきく息子です。誘導の必要もなく、手を添えて亀頭を女陰に押し当てると、そのまま腰を突き入れて、後背位からの挿入を果たしました。

「あぁあああ!」

膣内の最奥部に一気に届く勢いの挿入でした。女陰を貫かれ、背筋を駆け登る性感に全身が硬直します。

私は薄い壁のアパート中に響き渡るようなヨガリ声を叫んでいました。さすがに頭ではまずいとわかっていても、こらえられるものではありませんでした。

要領を得た息子が腰を繰り出してピストンを始めました。腹筋も逞しい下腹部が私の丸い臀部とぶつかって、滑稽《こっけい》な破裂音を立てます。

「ああ、すごい、こんなのありえない。気持ちいいの! すごいの! ねえ、もっとして！　もっと激しくして！　おち○ちんすごい、おま○こ気持ちいい！」

あられもなく乱れに乱れて、喚《わめ》きつづける私でした。

実の息子のペニスを膣内に迎え入れてヨガリ狂うなんて。

とんでもなくいけないことをしている。禁忌を犯し、人の道を踏みはずしている。行為の最中に、そういう意識が消えることはありませんでした。

でもその罪悪感、背徳感は、けっして快感を削《そ》ぐものではありません。それどころか、より快感を増すものだったのです。

「ああ、イク、イク、イッちゃう！　あああああっ！」

私はケモノのように絶叫し、全身をくまなく痙攣させて、髪を振り乱しながら、経験したこともない絶頂へと昇りつめたのでした。

後にも先にも、あれほど気持ちのいいセックスを経験したことはなく、体の相性がぴったりする相手に巡り合えたことはありません。

若さだけでの話ではなく、息子のペニスは形状も角度もほんとうに私のアソコにぴったりで、膣内の性感神経を的確にこすり上げてくれたのです。あのぴったり感は、やはり母子だからこそだったのでしょうか。

あれから、そろそろ三十年が経とうとしています。いまとなっては、バブルの狂騒も遠い記憶の彼方です。

息子は、いまも清掃員として働いています。結婚して子どもが生まれ、私は介護施設に介護士として勤務しながら、孫に与えるこづかいを稼ぐことに喜びを感じています。

確かに息子の言うように、これが地に足つけてまっとうに生きる本物の生き方なのでしょう。僻みでも負け惜しみでもなく、いまでは本心からそう思えるようになりました。

バブルの狂騒から私を救ってくれたのは、息子とのセックスでした。

禁断の快楽が私を現実に引き戻してくれたのです。そんな息子に日々感謝している私なのです。

レオタード姿の従姉の瑞々しい身体と初めて見る濡れた女穴に魅せられ……

田中聡　会社員　五十歳

　実は私は大のレオタードフェチです。そうなったきっかけをつくったのが、私の従姉でした。

　いまから三十五年前の昭和六十年。私が中学三年生だったころ、世間ではエアロビクスが大流行していました。

　テレビでもしょっちゅう見かけるようになり、あちこちでエアロビクス教室が開かれていました。女性たちは老いも若きもレオタード姿で踊っていたものです。

　もっとも私は、そんな女性たちの流行にはさほど興味はありませんでした。アニメや漫画に夢中で、いまで言うオタクそのものでした。

　ある日のことでした。私は母におつかいを頼まれ、近所にある伯母の家を訪ねました。伯母の家は大きな一戸建てで、伯母夫婦と一人娘の和美《かずみ》さんの三人で暮らしていました。

私が玄関の呼び鈴を押すと、いつもはすぐに出てくる伯母がなかなか現れません。しかし鍵は開いているので、ドアを開けてもう一度大きな声で呼びかけました。しばらく経《た》っても返事はないものの、家の中から音は聞こえます。下の階で大きな音楽がかかっているようでした。

しびれを切らした私は、何度もこの家には上がったことがあるので、勝手にお邪魔をさせてもらいました。

一階のリビングのドアを開けると、そこにいたのは和美さんでした。

私はその姿を見て目を丸くしました。なんと薄いピンク色のレオタード姿でテレビの画面に向かって踊っていたのです。

「あっ、聡《さとし》くん来てたんだ。音を大きくしてたから気づかなかったわ」

どうやら伯母夫婦は出かけていて、和美さんは誰もいない家でビデオを見ながらエアロビクスをしていたようです。

和美さんは私よりも五歳年上で、当時は二十歳の大学生です。目鼻立ちのくっきりした美人で、当時人気のあったアイドルによく似ていました。

私にとってはきれいな親戚のお姉さんというよりも、初恋の女性と言ったほうがいいかもしれません。

しかし和美さんは私のことを、子どもとしか思っていませんでした。五歳も年齢が離れていれば、そういう目でしか見てもらえないのは当然です。

「和美姉ちゃん、エアロビクスなんてやってたんだ」

「そうよ。いま流行《はや》ってるし、スタイルもよくなるんだって。このレオタードもこないだ買ってきたばかりなの。似合ってるでしょ？」

自慢げな和美さんでしたが、私はドキドキして目のやり場に困りました。というのも、レオタードはかなり生地が薄かったのです。ニプレスもしていないのか、胸のふくらみの先には乳首の形がはっきり浮き出ていました。

そんなことは気にも留めずに、和美さんは座ってタオルで汗をぬぐっています。汗で濡れたレオタードは肌に張りつき、とても色っぽく感じました。

そのとき私は、「あっ！」と声を出しそうになりました。

ちょうど股間のあたりに、黒い陰りが透けて見えているのです。

まだヘアヌードブームなんて先の話です。初めて見る女性の陰毛。それもあこがれていた和美さんに生えているものだけに、衝撃的な光景でした。

「だいぶ汗もかいて疲れちゃった。何か飲み物でも持ってきてあげようか？」

「あっ、うん……」

私は聞かれるまま返事をしましたが、和美さんは私がじっと股間を見つめているのに気づいていません。

私はモジモジしながら、自分の股間のふくらみを必死になって隠していました。なにしろ女性に免疫のない中学生です。裸に近い姿を目の前で見せつけられ、興奮するなというのが無理な話でした。

するとようやく私の様子がおかしいことに、和美さんも気づきました。

「あっ、やだっ！　見えちゃってるじゃない」

そう言うと、あわててレオタードの股間を手でおおい隠しました。

「ごめんねー、変なもの見せちゃって。いつも一人で踊ってるから、人の目なんて気にしたことなかったの。あー、やだもう、恥ずかしい」

和美さんは自分のうっかりを照れくさそうに笑っていましたが、私の股間はギンギンになっています。

すると今度は、和美さんが私の顔をじーっと見つめてきました。

「もしかして、おち○ちん勃《た》っちゃった？」

私は驚いて言葉に詰まりました。これまで一度だって、和美さんの口からそういう話を聞いたことがなかったからです。

「そうなんだ……聡くんも、そういう年ごろになったんだ」

そう言うと、さっきのお返しとばかりに、私をからかいはじめました。

今度は私が恥ずかしくて黙ってしまいました。隠していたスケベ心まで見破られては、どうすることもできません。

「もっと見たい？」

「えっ!?」

「見たかったら、見せてあげてもいいけど……どうせ私たち以外には誰もいないし」

私には和美さんの言葉が信じられませんでした。しかし冗談とも思えず、素直にうなずいてしまいました。

「じゃあ、見せてあげる。そのかわり、手は出しちゃダメよ」

悪戯《いたずら》っぽく微笑んだ和美さんは、なんとその場でレオタードを脱ぎはじめたのです。

私はてっきりレオタード姿をじっくり見せてくれるものと思っていたので、完全に意表を突かれました。

レオタードの下はもちろん裸です。まず胸のふくらみと乳首が顔を出し、もったいつけるように股間を隠しながら、レオタードを足首までおろしました。

生唾を飲み込んで待つ私に、和美さんは顔を近づけるよう手招きをします。

「ちょっと汗くさいかもしれないけど我慢してね。はい、どうぞ！」

そう言うと、手で隠していた場所を、足を開いて見せてくれたのです。

まず目に飛び込んできたのは、黒々とした陰毛のかたまりです。渦巻くように股間に広がっているその下に、縦に割れた亀裂がありました。

見たくて見たくてたまらなかった和美さんの裸を、間近で観察することができたのです。あまりの興奮に、血が沸き立ってしまいそうでした。

しかしどうして突然、こんなことをしてくれたのか、理由はさっぱりわかりませんでした。

興味本位にウブな従弟をからかって反応を見たかったのか、それとも裸を見せてみたい理由がなにかあったのか。どちらにしても、いつもの和美さんでなかったことは確かです。

私はすごくムラムラしてきて、見ているだけでは我慢できなくなってきました。

かといって、約束をしたので手を出すことはできません。ただ見ているしかない、蛇の生殺しのような状況です。

「もしかして、私とエッチなことしたいと思ってる？」

和美さんも、必死になって我慢している私の気持ちを察したようです。

私はためらいつつも、正直に「したい」と打ち明けました。もしそれで嫌われても、仕方ないと開き直りました。

「わかった……じゃあ、させてあげる」

意外とあっさりした返事に、私は飛び上がりそうになりました。

「い……いいの？　ほんとうに？」

「だって男の子って、そうなっちゃうと我慢できないんでしょ？　それにね、女の子だってけっこうエッチなんだよ。知らなかったでしょ？」

私の勝手なイメージでは、和美さんは清楚でいやらしいこととは縁遠い女性でした。それなのに、まったく正反対の言葉が出てきたのが信じられません。

しかし、こんなおいしい話を断ってしまうほど、私もバカではありませんでした。

ともかく私は誘われるまま、二階の和美さんの部屋へ移動しました。

部屋に入ると、和美さんは小走りで窓のほうに向かい、シャッとカーテンを閉めました。そして緊張している私の顔を見て悪戯な笑みを浮かべました。

すでに裸になっている和美さんの目の前で、私も服を脱いでいきます。全裸になり照れながら勃起したペニスを出すと、和美さんは私の足もとに座り込んでしげしげと見つめてきました。

「すごーい！　こんなになっちゃうんだ。へぇー」

和美さんは感心しながらペニスを観察しています。さっきとは反対の状況です。

しかも見ているだけではなく、和美さんは手でさわりはじめました。私は手を出すのを我慢していたのに、まったく躊躇《ちゅうちょ》がありません。

「ううっ……」

クリクリと亀頭を指でなで回され、快感で声が洩れてしまいました。

「ここが気持ちいいの？　ふふっ、かわいい」

さらにペニス全体をなでて、あちこちの感触を手ざわりで確かめています。

当時はいまほど性に関する情報も出回っていません。私が知っていることは、せいぜいセックスのやり方ぐらいで、女性が使うテクニックなど未知の領域でした。

それだけに和美さんがペニスに口づけをしたときは、目を見開いてしまうくらい驚きました。

「か、和美さん。何してるの？」

「フェラチオっていうんだよ。知らないの？」

そう得意げに教えてくれると、さらに舌を走らせてきました。

「じっとしてて。すごーく、気持ちよくなってくるから」

私は言われるまま、おとなしく舌の愛撫を受け入れました。

和美さんはただペニスを舐めているだけではありません。ペロペロと舌を走らせている亀頭を、すっぽりと咥えてしまったのです。

「あ……あぁっ！」

口の中に吸い込まれる気持ちよさと、舌が絡みついてくる気持ちよさが、同時に襲ってきました。

どちらもこれまで経験したことのない刺激です。私は腰が砕けそうになりながら、和美さんの唇の動きを目で追いました。

あの優しくてきれいな和美さんが、私のペニスを咥えていることが、とても現実とは思えません。

舌はしきりに亀頭をねぶってきました。そこが感じやすい場所だと、ちゃんとわかっているようです。

「あ……待って、出そう！」

急激な快感の高まりに、私はあわてて言いました。

和美さんは舌の動きを止めて、ゆっくりと唇を離しました。咥えていたペニスから唾液が糸を引き、ぬらぬらと光っています。

危うく爆発しそうだった私は、ホッとするやら、もどかしいやら複雑な気分でした。

「こっちに来て……」

今度は和美さんが、ベッドに横たわって私を誘います。

私はおずおずと、和美さんの体の上に乗っかりました。

最初に目に入ってくるのは胸です。きれいな色をした乳首と形のいいふくらみに、私は手を伸ばしました。

もちろん女性の肌にふれるのも初めてです。とてもやわらかいうえに、もんでいると手のひらを押し返してきて、それだけで感動してしまいました。

私は胸を愛撫しながら、ついでとばかりに和美さんの顔に唇を近づけました。勇気を出してキスを迫ってみたものの、臆病な私にはそれ以上なかなかできません。

すると私の替わりに和美さんから顔を持ち上げ、キスをしてくれたのです。

「ンンッ……」

ファーストキスは舌と舌を絡め合う、とても大胆なものでした。私よりも和美さんが積極的で、甘い声を出しながら唇に吸いついてくれました。

私は夢中になって体のあちこちをさわり、下半身にたどり着きました。

あそこはさっき見たばかりで、中身がどうなっているのかまるでわかりません。さわってみてと言われても、軽く指を押し当ててなぞるだけで、中に入れることさえできませんでした。

「そっか、まだどこに入れるかもわからないんだ」

そこでセックスをする前に、あらためて入れる場所を確認させてもらいました。

和美さんのあそこは、きれいなピンク色でした。さっきと同じように足を広げるだけでなく、わざわざ自分で閉じた肉を開いて、穴の入り口を見せてくれたのです。

「ここ、わかる？　ちっちゃな穴があるでしょう。ここにおち○ちんの先をあてて、腰を突き出すの。そうすれば簡単に入っちゃうから」

私は学校の授業でも、これほど真剣に話を聞いたことはありませんでした。

入れる場所はわかったので、とりあえず言われたとおりにやってみます。

和美さんの足の間に体を入れて、ペニスをあそこに押し当てます。割れている場所のすぐ奥が、さっき見せてもらった穴の位置です。

挿入する前はドキドキと緊張しました。一つ深呼吸をして、落ち着くよう自分に言い聞かせてから、グイッと腰を前へ進めました。

しかし入り口はとても狭く、軽く力を入れただけでは入っていきません。

「もっと強く押しつけて。思いきり体重をかけてもいいから」

和美さんも、早く入れさせようと焦っているようでした。

私はあらためて挿入にチャレンジし、今度は言われたとおりに体重をかけました。

すると、さっきはペニスを拒《こば》んだ穴が、ぬるっと私を受け入れてくれたのです。

あそこの奥へ続く穴が、ぎゅうっとペニスを締めつけてきました。

「ううっ、あっ！」

あまりに気持ちよすぎて言葉になりません。想像していたセックスの何倍もの快感を私は味わいました。

なんとか挿入を果たした私は、和美さんの体にしがみついたまま動けませんでした。腰を引いてしまうだけで、射精してしまいそうな気分だったのです。

「ああ、すごい気持ちいい……こんなの初めてだよ！」

私は無我夢中で和美さんに語りかけていました。

しかし私の下にいる和美さんは、苦しそうに顔をしかめています。とても快感を感じている顔ではありません。

「んっ、痛っ！」

その声を聞いて、ようやく私も気づきました。実は和美さんも初めてのセックスだったのです。

私は童貞を失うと同時に、和美さんの処女も奪っていたのです。

「だいじょうぶ？　そんなに痛いの？」

「ん……ちょっと痛いけど平気。動いてもいいよ」

心配する私に、和美さんは気丈に答えました。

ほんとうにそうなのか、それとも私を安心させる気休めなのかわかりませんが、ひとまず腰を引いてみることにしました。

入れるのに苦労した小さな穴も、いったん挿入してしまえばペニスを動かすのは簡単でした。

腰を動かすたびに、あそこの内側が強い力で締めつけてきます。

なんとか射精はこらえていたものの、いつ爆発してもおかしくありません。私にとっては忍耐力を試される試練でもありました。

「和美姉ちゃん……もうダメだよ！」

私が搾り出す声で言うと、和美さんもわかってくれたようです。

「うん、いいよ！　それ以上我慢しなくても、そのまま出してもいいから！」

そう言われてから数秒ももたず、私は射精してしまいました。

セックスをしていたのは時間にすればあっという間でした。それでも射精の瞬間に味わった快感は、このまま死んでもいいというくらい最高のものでした。

セックスが終わると、和美さんは晴れ晴れした表情で私にこう言いました。

「よかった。大学の友だちで私だけ処女だったから、早く卒業したかったの。でも相手が年下の従弟なんて、絶対に人には言えないよね……」

和美さんが私を積極的にセックスに誘ったのは、そういう事情があったからでした。二十歳で処女なんて恥ずかしいという、当時の風潮に流されてしまったのでしょう。

この出来事をきっかけに、私はレオタードフェチに目覚めてしまったのです。

実はつきあっていたころの妻にも、どうしてもと頼み込んでレオタードを着てもらったことがありました。

しかし妻の反応は「なんでこんな恥ずかしい格好をしなくちゃいけないの？」と冷たく、二度と着てくれませんでした。私のレオタード趣味は、それっきり心の奥にしまい込んだままでいます。

夜の蝶として生きる熟叔母に誘われポルノ映画を観たあとに感動の初挿入！

須藤大和　自営業　五十六歳

これは私が大学に入った年の話なので、昭和五十八年のことです。あれからもう四十年近くも経《た》つのかと思うと、なんとも感慨深いものがあります。とっくに時効だと思うので、こうやって一つの甘ずっぱい思い出話として書き残そうと思います。

その夏、前年に亡くなった伯父の一周忌があり、法要のために上野のあるお寺に親戚が集まることがありました。

大学に入学してからは、実家を出て大学の近くで一人暮らしをしていた私は、両親や親戚たちと会うのは久しぶりでした。本来ならばなつかしい気持ちになるだろうし、親戚から「入学おめでとう」の言葉をかけられるのは誇らしいはずでしたが、私にはそんな気持ちはありませんでした。

うちの一族は昔から高学歴の人が多く、なんとも鼻持ちならない人間の集まりでした。みんな一流の大学を出て、医者や弁護士になるか、そうでなければ霞が関で手堅い仕事をしている人ばかりです。

そのころは価値観の多様化などという言葉もなく、少しでも偏差値の高い大学を出て、社会的に地位のある仕事をするのが人生の勝者であるという考え方が普通の時代でした。そんななかで、みんながみんな高学歴の親戚連中は、いかにも「おれは偉いんだ」「人生の勝者だ」という感じの高慢ちきな人たちばかりで、私は前々から嫌悪感しか持っていませんでした。

とはいえ、そういう血縁者に囲まれていると、自然と私自身もそういう優等生のルートに乗らないわけにはいかず、気がつけばそれなりの大学に合格していました。

それでも親戚連中との距離感は消えず、その法要の日も、なるべく誰とも話さず、さっさと帰ろうと思っていました。

そこまで親戚を嫌っている私が、なぜその日わざわざ法要のために上野まで行ったのか。それは、前年に亡くなった伯父のためです。

いけすかない親戚の中にあって、その伯父だけはとても人情味があり「学歴なんかにこだわらず、好きなように生きろ」と言ってくれる自由人でした。きっと私と同じように、学歴社会に染まった一族の風潮が嫌いだったのだと思います。

いろんな相談にものってくれて、私にとっては、親以上に親らしい人だったのです。

そんな伯父の法要を無視するわけにはいきません。

しかし結局はその場の雰囲気になじめず、私は拝むだけ拝むと、一人でさっさと上野の街をぶらぶらしていたのです。

そのとき、思いがけない人とバッタリ出会ってしまいました。叔母の美香《みか》さんです。

美香さんは母の妹で、当時は三十代の半ばだったと思います。じつは美香さんも高学歴の親戚が嫌いなアウトロー的な女性でした。高校は進学校に通っていたのに、周りの期待に反発してわざと大学受験に失敗し、芸能事務所のオーディションを受けたりしているような人です。

そのときは、どこかのホステスをやっていて、夜の街で生きていました。もちろん親戚一同からは総スカンをくらっていました。

美香さんと私はどこか似た者同士で、亡くなった伯父のことを慕《した》っていたのも同じでした。だから上野の街で出会ったときも、特に何も言わなくても、お互いに親戚の集まりから逃《のが》れてきたのだということで通じ合いました。

「大学、おもしろい？」

「うーん、あんまり。そのうち、好きなこと見つけようと思ってる」

「そうだね、そのほうが伯父さんも喜ぶしね。ま、いま流行のテクノカットなんかにしてないのは、大和《やまと》らしくていいよ」

そんなような会話をしたのを覚えています。きっと美香さんも、伯父と同じような気持ちで私を応援してくれているというのが伝わってきて、ああ、今日の法要に来てよかったと思いました。

「彼女できた？」

矢継ぎ早に質問してくる美香さんですが、私はまだ彼女もできないし、毎日くすぶっているところでした。上野の雑踏をブラブラしながらそんな話をしていると、いきなり美香さんが明るい声をあげました。

「ひと皮剝けて大人にならなきゃだね。よし、今日は大和に思い出を作ってあげるよ。ポルノ映画の初体験しよ！」

「は？　ポルノ……」

ビックリしている私を引っぱって、美香さんは駅前のポルノ映画館に入りました。当時の上野にはポルノ映画の専門館が数軒並んでいて、ちょっとした観光名所みたいな感じでした。でも、まさか自分が入ることになるとは思いませんでした。

正直、興味はありましたが、入る勇気はなかったのです。まさかそんなかたちで美香さんと入るとは夢にも思っていませんでした。

ちょうどビデオが世の中に登場したころで、もちろんアダルトビデオもありましたが、貧乏学生のぼくにビデオデッキなど買えるはずがありません。アダルトビデオさえもろくに見たことがなかったので、大きなスクリーンに映し出される女性の裸体は衝撃的で、息が止まりそうになりました。

上映していたのは新東宝のピンク映画三本立てで、女子校生もの、OLもの、人妻ものと、バラエティ豊かなものでした。

私はすっかり興奮し、下半身を痛いくらいに勃起させながら観ていました。となりに美香さんがいるせいで、なおさら舞い上がっていました。きれいな美香さんのとなりで、自分はいま、アレを硬くしながらポルノ映画を観ている。そう思うだけで、下半身に熱い血が集まってくるのがわかりました。

そっと美香さんの横顔を見ると、口を少し開いて、ハアハアと息を荒げてスクリーンに見入っていました。

映画館を出ると、外はすっかり暗くなっていました。なんとなくお互いに目を合わせるのが恥ずかしくて黙って歩いていました。早く美香さんと別れて、どこかでオナニーしたいという気持ちと、美香さんともっといっしょにいたいという気持ちが葛藤《かっとう》していました。すると気まずい沈黙を打ち破るように、美香さんが口を開きました。

「どうだった？　ずいぶん真剣に見てたじゃないの」

「美香さんだって、ハアハアしてましたよ」

「え？　何言ってるの、バカね」

照れくさそうに笑いながら、美香さんは私の手を握ってきました。

「ねえ、大和、セックスしてみたくない？　教えてあげようか？」

正確になんと言われたのかは覚えていません。頭がボーッとしてしまい、自分がどう返事したのかもわかりません。ともかく、数分後には上野のラブホテルが並ぶ一角を歩き、そしてそのまま、ホテルに入ったのです。

もちろん、そんな場所に入るのは初めてでした。普通の住宅では見られないような豪華な照明や壁紙にも驚きましたが、それよりもびっくりしたのは、部屋の真ん中のかなりの面積を占めている丸いベッドです。これが噂の回転ベッドかと思いました。

回転ベッドという言葉の響きが、そのころはとても猥褻《わいせつ》に思えたものです。

「男の人とああいう映画館に入るの初めてだったから、なんか興奮しちゃった……」

美香さんは私を抱き締め、耳元でささやきました。

「ねえ、大人にしてあげる。セックスを覚えたら、世界がいまよりもっと広がるよ。

あなたには伯父さんのぶんもがんばってほしいからさ」

それはとてもうれしい言葉でした。伯父が亡くなったあと、私にそんなことを言ってくれる人はだれもいなくなりました。それだけに、美香さんはたった一人の私の味方のような気がしました。

「いいんですか?」

「いいのよ、私にまかせて」

美香さんは濃厚なキスをしてきました。舌を入れられ、その柔らかい舌が口の中で動き回り、それだけでもう全身がとろけそうでした。まるで麻酔にかかったように身動きできなくなっていると、美香さんはそのまま跪《ひざまず》き、ズボンのファスナーをおろして、映画館にいるときからずっと勃起したままのペニスを引っぱり出しました。

「わあ、すごい。いいモノ持ってるじゃないの。大和、絶対に女泣かせになるね」

どういう意味だろうと思っていると、美香さんはそれを握りしめ、上下にしごきはじめました。自分でしているオナニーと同じ動きなのに、もう腰がくだけそうなくらいに快感でした。

「気持ちいいでしょ? ここはどう?」

指先が尿道を刺激してきます。思わず声が出そうになったあの感覚は、今でも忘れられません。指はそのまま亀頭の周りをなぞり、裏筋を優しくこすり、そして玉袋のほうへと這い回りました。我慢していたつもりですが、もしかしたら声をあげていたかもしれません。

「なかなか感度いいみたいね、いいことだよ。じゃあ、もっと気持ちいいことしてあげるからね。たくさん感じてよ……」

そう言って美香さんは、それを口に含みました。そして舌先を動かしながら、指で根元をしごき上げました。

世の中にこんな気持ちのいいものがあるのかと思うほどの快感でした。美香さんの舌がカリの周りを這い回り、竿を舐め回し、玉袋まで味わうようにしゃぶってきます。

さっき観たポルノ映画の中でも同じことをしていました。それを見ながら、なんていやらしいんだろうと思っていたのですが、まさにいま、自分がそれをされているのです。美香さんがうっとりした顔でペニスを舐め回しているのを見おろしながら、私は早くも射精を予感していました。

「さっきの女優さんよりも、私のほうがじょうずでしょ?」

対抗心があるのか、そんなことを言いました。なんだか美香さんらしいと思いました。そのまま先端をチュバチュバ吸いながらペニスをこすり上げられていると、もうほんとうに我慢の限界が来そうでした。

出していいんだろうか、このまま射精したほうがいいんだろうか。

どうすればいいかわからず、わき上がる快感に身をまかせていると、美香さんが甘い声をあげました。

「ねえ、大和、入れてみたいでしょ？」

「え？　は、はい！」

入れるというのは、つまり美香さんの女性器に私のものを入れるということだと、あらためて頭の中で思いました。いいのだろうか、これは許されるのだろうか、叔母と甥の関係なのに、もしかして犯罪じゃないのだろうか。

いろんな思いが頭の中をグルグル回っていました。でもそんなことはお構いなしに美香さんは自分で全裸になると、ベッドの上で大きく足を開いて膝を立てました。女性のオールヌードをナマで見るのは、それが初めてでした。

「ほら、見たことないでしょ？　さっきの映画でもここはボヤけてたし」

確かにそうでした。スクリーンでは隠されていた部分が、私のすぐ目の前にありました。頭にカッと血が上るのがわかりました。

「もっと近くで見て……」

私は顔を近づけました。そこは黒い毛でおおわれていましたが、その毛の影にピンクの割れ目が見えました。ああ、これが女性器なんだと思いました。

「いい？　広げるよ、よく見て。ほら、ここがクリトリス」

美香さんがピンクの割れ目を広げると、そこは赤っぽくてヌメヌメ光っていました。美香さんは人差し指で、クリトリスや大陰唇、小陰唇など、ひとつひとつを教えてくれました。女性の尿道があんなふうになっているのを初めて知りました。そして、その下の複雑な穴のところを指さすと、美香さんはそこをいじくりはじめました。

「ここが女性のアナ。大和のおち○ぽ、ここに入れるんだよ。わかる？」

「う、うん……わかる。さっきの映画でも、そこに入れてたんだね」

「そうよ、女の人、狂ったように喘いでたでしょ？　大和も入れてみたいよね？　気持ちいいことしたいでしょ？　男になりたいよね？」

そう言って美香さんは、自分でそこをかき回すように指を動かしました。

「あんな映画見てたから、もうこんなに濡れちゃったよ。大和の大きいのが欲しい、大和の若い勃起おち○ぽ、ここに入れてほしいよ」

卑猥な言葉を連発されて、私はもう暴発しそうに興奮していました。

「ねえ、大和、入れる前に舐めて。ここ舐められるの、すごく好きなんだよね」

そう言われて私は頭がカッと熱くなりました。そしてスッと吸い寄せられるようにそこに口を押しつけました。いままで嗅いだことのない、卑猥な感じの匂いがしました。これが女性器の匂いなのかと思いました。美香さんがクリトリスを舐めてほしいと言うので、そこに舌を押し当てて動かしました。

初めての経験でどうしていいかわかりません。ともかく、アイスクリームを舐めるときのことを思い出して、必死に舌先でその小さな肉の芽を転がしました。

美香さんは高い声で喘ぎながら太ももをふるわせて「ああ、気持ちいいよ、じょうずだよ!」と言ってくれました。その言葉に自信を得た私は、なおも舌を動かし、陰唇や穴の中にも舌を這わせ、味わいました。

そうはいっても、味などしません。ただ、強烈な匂いが鼻の中に入ってきて頭の中を満たしたのだと思います。私にとって初めてのクンニの印象は、ともかく女性器の匂いにまみれたという感じです。

しかも美香さんはよほど気持ちいいのか、女性器全体がどんどん濡れてきて、舐めている音も激しくなっていきました。「濡れる」というのはこういうことなのかと、妙に納得したものです。

そのうち我慢できなくなったのか、美香さんは上擦った声で言いました。

「もうダメ、我慢できない……ね、セックスしよう」

「美香さん、入れていいの？」

「いいよ。ここまできたら、もうやるしかないでしょ。大和を大人の男にしてあげるから、伯父さんのぶんもがんばるんだよ」

そんなふうに言われて、ためらう気持ちもなくなりました。そうか、今日はあの大好きな伯父の一周忌だ、そんな日に童貞を捨てるのも、きっと運命だな。そう思った私は決心をしました。

美香さんは、枕元のスイッチを押しました。すると回転ベッドがゆっくり回りはじめました。美香さんはニッコリ笑ってベッドの真ん中に横たわりました。口の中に唾液がたくさん溜まって、何度も飲み込みました。

美香さんは着痩《きや》せするタイプなのか、横たわっても乳房が丸く張っていたし、腰から下も想像以上にムッチリしていました。しかも回転しているベッドの上だと、ことさら猥褻に見えました。

「ほら、大和も全部脱いで」

言われたとおりに私も全裸になると、美香さんの体におおいかぶさりました。

「焦らないで、ゆっくりね」

自分はこれから生まれて初めてセックスを経験するのだと思うと、全身が震えるほど興奮し、緊張していました。きっとそれが伝わったのだと思います。美香さんは優しい顔をしてそう言ってくれました。

「さっき見せてあげたところに、入れるんだよ」

そう言われて、自分の性器を握り、だいたいこのへんだろうと思ったあたりに入れようとしました。

ところが、その部分をちゃんと見ないでやっているので、なかなかうまく入りません。性器の先端をいろんなところに押しつけているだけでした。それが何度も続くので、ますます緊張してしまい、焦りまくってしまいました。

「あれ、なんで？　おかしいな……」

美香さんも「もっと下」とか「そこは違う」とか、いろんなことを言いながらその場所を教えてくれようとしています。でもうまくいかず、ただ、私の性器が美香さんの愛液でぬるぬるになっていくばかりでした。

「大和、落ち着いて。ゆっくりやろうね」

やがて美香さんは私のものを握りました。

そして、ここだよと言いながら、先端を自分の入り口に押し当てました。

「ここ、わかる？　ここが入り口。いっぱい濡れてるから、すぐ入るはず。そのまま腰に力を入れてみて」

言われたとおりに、グッと押し込みました。

すると、ニュルッという感触とともに、性器が熱いものに包まれるのがわかりました。強い締めつけなのに痛くないのが不思議でした。

「わかる？　入ったよ」

「入ったんだ、美香さんのアソコに入ってるんだ！」

「そうだよ、私たちひとつになったんだよ。大和と私、セックスしてるんだよ！」

あらためてそう言われると、なんだか感動しました。とはいえ、そこから先はどうすればいいかわかりません。そのままじっとして、美香さんの性器の中にいる感覚を味わっていると、美香さんが腰を揺らしました。

「ねえ、動いてみてよ。さっき映画で見たでしょ？　セックスは動かなきゃだめなんだよ」

動くと言われても、よくわかりません。ともかく美香さんに言われるがままに、腰を前後に動かしました。生まれて初めての行為なので、なかなかコツがつかめません。それでも、動いているうちに美香さんが、ときどきアンアンと声をあげるようになりました。

「いい感じだよ、わかってきた？」

いろんなことを言いながら美香さんが教えてくれるので、素直に言われたとおりに動いていると、やがて出し入れするという感覚がわかりました。そして気がつくと、私はリズミカルに腰を動かし、美香さんのそこを突いていました。

「ああ、いいよ！　すごくいいよ、大和のおち○ぽ！」

「美香さんのアソコも気持ちいいよ！　オナニーよりずっといいよ！」

「でしょ？　これがセックスだよ、これが男と女のおま○こだよ！　大和、大人の男になったんだよ！」

美香さんが感じている顔を見ながら、私もどんどん昂《たかぶ》っていきました。男としての自信さえついてきたような気がしました。

しばらくして、美香さんは体位を変えました。今度はこんな格好で入れてみてと言いながら、四つん這いになってバックから入れさせてくれました。美香さんが全裸でそんな格好をしているのが信じられない感じでした。しかもバックからだと美香さんのアナルまで丸見えです。

美香さんはバックが好きみたいで、さっきよりももっと大きな声をあげて、全身をくねらせながら感じまくっていました。

大好きな美香さんのことを、そんなふうに満足させてあげていると思うと、私もなんとも幸せな気持ちになりました。

そして最後は、女性上位でした。

あおむけになった私を跨《また》いで自分から挿入すると、美香さんは腰を思いきり動かしました。その体位だと女性器の圧力がものすごくて、動くたびに激しいくらいの快感がビンビン広がりました。しかも目の前では、形のいいおっぱいが上下にブルンブルン揺れています。もう頭の奥までしびれっぱなしでした。

「大和、イッていい？　もう私ダメなの、イキそう……」

そう言われても、私はどうすればいいかわかりません。ただ射精の感覚がせり上がってくるのだけはわかりました。

「ぼくもイキそう……どうしたらいい？」

そのまま中に出すのはマズイと思いましたが、もうほんとうに出てしまいそうでした。このままだとたいへんなことになると思っていると、激しく動いていた美香さんが、いきなり性器を抜きました。

そして私の下半身に顔を埋《うず》めて、激しくしごき上げました。

その瞬間、熱いものが一気にこみ上げてきて、私は思いきり射精していました。気づかなかったのですが、美香さんは私のものを咥えて、全部を口で受け止めてくれていたのです。激しくしごき上げて、最後の一滴まで絞り出してくれました。そしてニッコリ笑って、飲み干してしまいました。

これが、私の初体験の一部始終です。

いままでだれにも話すことなく、ずっと秘密にしてきた叔母との初セックスで、私は大人になりました。あの日を境に、私は自分に自信が持てるようになり、そして大学生活を謳歌できたし、一人前の社会人にもなれたのです。

もちろん美香さんとは、その後も何度か会いました。親戚の集まりでは必ず顔を合わせましたが、あの日のことはお互いに口をつぐんでいました。秘密にするというのが暗黙の了解だったのです。

私のことを一人前にしてくれた美香さんの思いやりは、いまになってもずっと大切に胸に秘めています。

〈第三章〉

禁断の一線を越え淫欲を貪る母子

SM調教好きなマゾ母が愛する息子の性欲を満たすために淫靡な肉体奉仕

佐藤冨美子　無職　八十歳

これは私の懺悔《ざんげ》です。私はかつて、自分の本当の息子と、とても背徳的で変態的な関係にありました。

息子はいまでは結婚し、子どももできて、すっかり落ち着いた人生を送っています。会社でもそれなりの地位を得ています。顔を合わせても、かつてのあの淫らな日々のことなど、おくびにも出しません。きっとモヤモヤした気持ちはあると思うのですが、それをひた隠しにしてまっとうに生活しています。

そんな息子を見ると、私のほうもあの過去と決別して、これからの時間をあたりまえに生きていかなければと思うのです。

でも、人間の記憶というのは、きれいさっぱり消えることはありません。何かの折りに、ふとあのころのことがよみがえって、切ないような、苦しいような気持ちに襲われて、なんともいたたまれなくなってしまうのです。

そこで自分なりに過去のことをしたためて、気持ちの整理をしようと思いつきました。

一人息子の賢一《けんいち》は幼いころから活発で、小学校の高学年から少年野球のチームに入って野球に打ち込むようになりました。そのころは多くの男の子たちがそうであったように、賢一も大の巨人ファンで、長嶋茂雄《ながしましげお》が神様でした。中学に入っても野球部に所属し、いずれは高校野球で甲子園に出場するのを夢見ていました。いま思えば、とてもまっすぐな野球少年だったのです。

そんな賢一が変わったのは、長嶋が引退した昭和四十九年のことです。賢一は中学生でしたが、長嶋という心の支えを失っただけでなく、時を同じくして賢一自身も肩を壊してしまい、本格的に野球を続けることが難しくなってしまったことで、母親の目から見ても、かつての元気で素直な男の子の姿が少しずつ薄れていきました。

じつは、私には一つのうしろめたさがありました。母親としての息子への愛情が希薄だったと思うのです。というのも、そのころの私は不倫していたのです。

息子が野球に夢中なのをいいことに、私は当時パートで働いていた会社の課長さんと肉体関係にありました。夫とは冷めきっていました。夫は夫でよそに女を作ったり、水商売の女と遊んだりしていました。

言いわけをするつもりはありませんが、夫はそんなだし、息子は野球一筋だしで、家族は完全にバラバラでした。私はさびしかったのです。だから課長の見え透いた手練手管にだまされて、あっけなく体の関係を持ってしまったのです。

課長は、言ってしまえば変態でした。会社ではまじめで部下思いの上司なのに、ホテルに入ると人が変わり、私を縛ったりベルトで叩いたりして興奮するような人でした。最初は驚きましたが、いつしか私もそんなプレイにのめりこんでいきました。

ご存知の方も多いと思いますが、そのころは団鬼六《だんおにろく》などのSM小説や、谷《たに》ナオミ主演のSM映画がひそかに流行していた時期です。

いまではありえないことですが、普通の街の本屋にもいろいろなSM小説が並んでいました。繁華街のポルノ映画館の前には、素っ裸で縛られた女性を描いた大きな立て看板が堂々と置かれていたりもしたものです。

そういうところを通るときには、あれは特殊な世界の人たちの話だ、普通の生活を送っている自分には何の関係もないことだと、目をそむけていました。

でも本当は、私の体の中には、そういう血が流れていたのです。

何度か普通の肉体関係を持ったあと、課長に初めてそのての雑誌を見せられたときには心底驚きましたが、けっしていやという感情はありませんでした。むしろ「これから何が始まるのだろう。私もこんなことをされるのだろうか？」というひそかな期待を持っていたような気がします。

そして、請《こ》われるままに手首を縛られたり、開脚縛りをされたり、果ては蠟燭《ろうそく》や浣腸までされてしまううちに、すっかりそんな悦びに目覚めてしまったのです。

夫とはもう何年もそういうことをしていなくて欲求が溜まっていたこともあり、私はすぐにのめりこんでしまいました。気がつくと、課長の命令どおり、どんな恥ずかしい行為や変態プレイでも受け入れてしまう、ドMな女になっていたのです。

そんなことが続いていた、ある日のことです。

賢一は高校を出て浪人生活をしていました。といっても予備校にも行かず、ブラブラしていました。だからといって夫も私も、そんな賢一に何か声をかけるでもなく、夫は浮気三昧だし、私も課長とのプレイに溺れる毎日でした。

ある土曜日、課長と会って帰宅した私は、夫婦の寝室にいる賢一とバッタリ顔を合わせてしまったのです。そして、賢一の手に握られていたものを見て、全身から血の気が引きました。それは、課長と私のプレイが写っている写真でした。

そのころ、写真は紙焼きして保存するのが普通でした。いまのように画像でも映像でもスマホに保存できる時代と違って、そういう淫らな写真は、部屋にこっそり隠すしかありませんでした。

ヒマをもてあまして、親の寝室に何かおもしろいものでもないかと物色していた賢一に、それを見られてしまったのです。

賢一はギョッとした顔をしていました。おとなしい、ごく普通の母親だと思っていたのに、全裸で縛られて知らない男のペニスを咥えていたり、イチジク浣腸をお尻の穴に差し込まれて、犬のチンチンの格好をしている写真が何枚もあるのです。

「誰だよ、この男……おれが野球で挫折して、つまんねえ高校生活送ってる間に……母さん、こんなことしてたんだね」

そんなことを言われた私は、覚悟して、すべてを話しました。夫に相手にされない自分が、いつの間にかそんな悦びを覚えてしまい、もう抜け出せなくなったことを正直に告白したのです。

そして、そんな私の恥ずかしい告白を聞いている賢一の目の色が、少しずつ変わっていくのに気づきました。そして、なんだか胸騒ぎがしたのです。

思い返してみれば、あの最初の日になんとかして拒絶していれば、それからの日々はなかったと思います。でも、後悔しても始まりません。

「だったら、おれの体にも同じ血が流れているかもな」

思ったとおり、賢一は私の体に手を伸ばしてきました。そしてそのまま寝室で、生まれて初めて、実の息子と変態行為をしてしまったのです。

もちろん最初は拒《こば》みました。私たちは親子なんだから、こんなことをするのはおかしいと何度も言いました。でも、ダメでした。

「親父以外の男のチ○ポしゃぶってる母さんに、そんなこと言えるのか？」

そう言われると、もう何も言い返せなくなりました。野球を諦めて悶々《もんもん》としていた賢一に何も手を差し伸べてあげなかったことの罪悪感もありました。いまここで抵抗したら、賢一は本当傷ついてしまう、そう思った私は、されるがままになるしかなったのです。

そのとき賢一は、きっとまだ童貞だったと思います。性体験がないだけに、欲望の表現の仕方は荒々しいほどにまっすぐでした。抱き締められて唇を吸われたときは、あまりの激しさに体に電気が走りました。

「だめ！　いけない……落ち着いて」

そう何度も繰り返しながらも、服の上から乳房をつかまれ、スカートの中に手を入れられると、それだけでアソコがジュンジュン溢れてくるのがわかりました。もうずいぶん昔の話なのに、そのときの感覚は体にはっきり残っています。

下着の中に指を入れられ、直接アソコをいじくり回されると、もう勝手に太ももが開いてしまい、口では拒絶しているのに、腰を動かして賢一の指の感触を欲しがっている自分がいました。

「口ではだめだめ言ってるくせに、母さんのここ、びっしょりだよ」

「言わないで……恥ずかしいじゃない……」

私は拒否する気持ちもなくなり、されるがままに服を脱がされ全裸になりました。

初めて見る母親のヌードを、賢一はいやらしい目で見ました。その視線は、変態課長と同じでした。この子も私を責めたがっている、そう思うと、もうどうしようもなく昂《たかぶ》ってしまいました。

「母さん、こういうのが好きなんだろ?」

賢一は自分のベルトを抜いて、それで私の両手首を後ろで縛りました。課長は麻縄を使ってもっと本格的にきっちり縛り上げます。それに比べたらベルトは軽いほうです。それなのに私は、課長とのプレイ以上に興奮していました。実の息子が、私を素っ裸にして手首を縛っているのです。想像さえもしない出来事でした。

「母さん、こんなことされて乳首硬くなってるよ……ほんとうに変態なんだね」

そう言いながら乳房にむしゃぶりついて、乳首を激しく吸ってきます。女性の体にそんなことをするのは初めてだというのがよくわかるような荒っぽさでしたが、私は思わず、歓喜の声を洩らしていました。

さらに賢一は、太ももの間にも顔を埋《うず》めてきました。つい反射的に足を閉じようとしましたが、元野球少年の十九歳男子の力にかなうはずがありません。すぐにアソコに吸いつかれてしまいました。

「今日もやってきたんだろ？　どっかの男にこのエロいま○こを責められて、チ○ポぶちこまれてきたんだろ？」

「ひどいこと言わないで、お願い……」

「そんなこと言ったって、母さんのここ、すっごく匂うよ。母さんの変態ま○こ、すごく臭いよ」

息子に変態ま○こなどという言葉を言われたら、どんな母親も嘆き悲しむはずです。でもそのときは、逆にたまらなく淫らな気持ちになっていました。それが私の性《さが》なのです。

「ああ、許して、賢一……母さんは変態なの！　父さん以外の男のち○ぽでそこを責められると、どうしようもなく感じてしまうのよ！」

「畜生、変態め……」

そう言いながら賢一は、アソコを舐めまくり味わいました。きっと女性器のことがよくわかってなかったのだと思います。ところかまわず這い回る舌が、ときどきクリトリスに当たったり、アソコのビラビラを刺激してきます。そのたびに私は体をビクンとふるわせながら、ますます愛液を垂れ流していました。

「母さんて、ほんとうに変態なんだね」

賢一が上擦った声を出しました。

「だったら、おれのち○ぽもしゃぶってよ。できるよね、変態なんだから。自分の子どものち○ぽ、しゃぶりたくてたまらないだろう？」

そのときの賢一の声をよく覚えています。その声を聞いて、賢一も超えてはならない一線を超えてしまったんだと思いました。

私自身にも覚えがありました。課長にいろいろ教えられ、自分の変態性欲を認めて、いままで知らなかった世界に足を踏み入れてしまった瞬間が確かにありました。賢一も、同じだと思いました。

賢一は、ベッドに横たわった私の顔を跨《また》ぐと、自分のペニスを突き出してきました。子どものころに目にして以来見る、我が子の性器に思わず息を呑みました。

野球をやっていたくらいなので、もともとがっしりした体つきの子でしたが、男性器もほんとうに太く逞しく、特にカリが大きく張っていて立派でした。下から見上げていたのですが、大きく張ったカリのところにある男性の尿道の穴が、なんとも卑猥に濡れていたのをはっきりと覚えています。

「ああ、賢一、母さんにしゃぶってほしいの？　私たち親子なのに、それでもしゃぶらなきゃダメなの？」

もうフェラする決心はできていました。でもわざと、そう尋ねました。賢一の声できちんと命令してほしかったのです。私はひどい母親です。

「そうだよ、母さん、しゃぶれよ！　自分が産んだ息子のビンビンのち○ぽを、しゃぶるんだ！　母さんがしゃぶってるとこを見たいからさ」

「うう、なんてこと……」

私は体の芯が、熱くうずいていました。息子に命令されるのは、課長に命令されるより何倍も興奮させられました。賢一はそれを握って、私の頬にグイグイこすりつけてきました。そんなことをされて被虐心が燃え上がった私は、口を大きく開いてその怒り狂ったペニスを咥えました。

すごく重みのある、立派なモノでした。もう夢中でしゃぶりました。唾液を溜め、卑猥な音を立てながら、必死で味わいました。課長に教え込まれた尺八のワザを駆使して、賢一に感じてもらおうとしました。

賢一は「うおおお！」という獣のような声を洩らしていました。その声が、ますます私を淫らに奮い立たせました。

「さすがだね、母さん。オナニーより、ずっと気持ちいいよ」

「ほんと？ うれしい、もっと感じて。母さんの口で、うんと気持ちよくなって！」

私は夢中でご奉仕しました。尿がしみついて恥垢も溜まっている息子の男臭いペニスを、ていねいに味わいました。

舌先で尿道を刺激すると、賢一は溜め息を洩らして感じていました。それがうれしくて、ますます激しくしゃぶりました。それだけでなく、タマの袋や蟻の戸渡も舐め回し、肛門にも舌を這わせました。

そんなことをしているのが、とても幸せに思えました。もしかしたら、私はずっと長い間、こういうことをしたかったのかもしれません。

「おいしいかい？ 母さん、息子のケツの穴まで舐めて、うっとりしてる」

「おいしい！ 賢一のお尻の穴、すごくおいしいの！ 母さん、たまんない……」

すると賢一はいきなり体を離し、今度は私をひっくり返してうつ伏せにしました。

私は後ろ手に縛られたまま、お尻だけを高く突き上げる恥ずかしい格好にさせられました。その格好だと後ろから丸見えです。本当に恥ずかしいし屈辱的なはずなのに、ますます興奮してしまいました。

「今度は母さんのケツ穴が丸見えだよ。どう？　息子の前で、ま○こも肛門も全部さらしてる気分は」

「言わないで、恥ずかしいの……でも、とってもたまらない気分」

「見られて興奮してるんだ。ほんと、ド変態だな。じゃあ、これは？」

いきなりアソコに太いものが押し当てられ、そのままねじこまれました。それは、バイブでした。写真といっしょに隠していたものです。ふだんは課長とのプレイで使うのですが、自分で慰《なぐさ》めるために一つ欲しいと頼んでもらったのです。賢一はそれも発見していました。

「浮気相手との変態ごっこだけじゃ物足りなくて、こんなもの家に隠してオナってるんだね。母さん、どんだけ欲求不満なんだよ」

「ごめんなさい、恥ずかしい、許して……」

必死でお願いしながらも、賢一が激しく出し入れするバイブの振動に責めたてられて、もう呂律《ろれつ》も回らないくらいでした。

「母さん、バイブで責められて、ケツの穴までヒクヒクしてるよ」

「そうなの、母さん、バイブが大好きなの！」

私はそのまま気を失いそうでした。そんな恥ずかしい格好で、息子にバイブでイカされる。そう思うだけで、全身がブルブル震えるほど興奮していました。

でも、そうではありませんでした。賢一はバイブを抜くと、後ろから自分のものをアソコに押し当て、グリグリとこすりつけました。

「賢一、何するの？」

「バイブよりもっといいものあげるよ。息子のち○ぽでイキなよ、母さん！」

それだけは絶対にいけないと思いました。

「やめて、賢一、それはダメなの……親子だから、いけないのよ！」

「いいんだよ、母さん。だって母さんは変態なんだから」

何度も拒絶し、お尻を振って逃げようとしました。

でも、それもむだでした。力強い賢一の両手でがっしりと押さえつけられると、熱くてぶっといペニスがググッと押し入ってきました。

絶対にいけないことなのに、その瞬間、自分の中で何かが崩れてしまい、いままで味わったことがないくらい興奮している自分がいました。実の息子にそうやって犯されることは、夫を裏切って課長に責められるよりも、もっと背徳的で、それだけ私のMの心を揺さぶりました。

「母さん、どう？　息子に犯された気分は」

「言わないで……母さん、感じてるの！　すごいの、こんなの初めて！」

言葉で煽《あお》られて、ますます感情が溢れてしまいました。

さらにバックから犯されながらお尻をパンパン叩かれて、もう気が狂いそうでした。もっと叩いてほしい、もっと深くえぐってほしい。そんなことを懇願しながら、私は息子のペニスを奥へ奥へと誘い込むように、腰を動かしつづけました。

賢一のほうもかなり興奮しているらしく、だんだん声が上擦ってきて、射精寸前なのがわかりました。

「ねえ、賢一、中には出さないで！　それだけはやめて……」

「じゃあ、どうすればいい？」

「お尻にかけて……母さんの淫らなお尻を賢一の精液で汚して！」

そうお願いするのが精いっぱいでした。本当は中出ししてほしかったのです、でも最後の最後で、理性がそれを食い止めていました。

やがて賢一は「もう出るよ……母さんのケツにぶっかけるよ！」と言いながら、いっそう激しくピストンしました。

私もわけのわからないことを叫びながら「出して！」と叫んでいました。そして賢一の雄叫びとともに、私のお尻に熱い精液が叩きつけられました。

それはアナルに直撃し、性器を伝ってシーツに流れ落ちました。その感触を感じながら、私は達してしまったのです。

考えてみれば、それは賢一にとって初めての挿入体験だったと思います。初めてが自分の母親とのアブノーマルなセックスだったのです。

でも、それで終わりではありませんでした。それをきっかけにして、私と賢一はそのあともずっとそんな関係を持ちつづけたのです。

家で二人きりのとき、私は賢一に縛られて、おもちゃや野菜などで責められました。もちろん最後は、ホンモノを挿入されてイカされました。といっても、親子なので中出しだけはしないようにしていました。そのかわり、顔や口に出されて、そのあとお掃除フェラもさせられました。

ほかにも、放尿姿を見られたり、浣腸されて野外を歩かされたこともあります。課長とやっていたようなプレイは、だいたいすべてやりました。不思議なことに、課長にされるよりも賢一にされたほうがはるかに興奮するし、深いアクメを感じました。

私は息子との変態プレイに溺れる、淫らな母親になってしまったのです。

でもそのおかげで、一時はすっかり疎遠になっていた息子との関係が、元に戻りました。お互いに相手を必要としている親子関係を取り戻し、プレイ以外のときも、仲よくなったのです。変態プレイが、私たち親子の絆を取り戻してくれました。

その後、賢一は大学に進学し、ふつうに就職して社会人になりました。

私はしばらくして夫と離婚したのですが、賢一と二人暮らしになってもさびしくはありませんでした。

四十歳になる前に賢一は結婚しましたが、それまではずっと、私と背徳的なプレイを楽しみました。いまは奥さんを相手に、どんなセックスをしているのか知りません。

でも、いまも賢一は私にそっと打ち明けてくれます。私とのプレイが人生で最高の快楽だったというのです。私にとって、それはこの上ない言葉です。その言葉がある限り、私はこれからもしっかり生きていけると思っています。

甥っ子のために手料理を作る美叔母の豊乳と熟尻に無我夢中で喰らいつき!

深沢哲夫　会社員　五十四歳

その当時、日本はバブル真っ盛りで、とにかく金を稼いだ人間が偉いという風潮でした。

もともと内気な性格だった私も、東京の会社に就職してビジネスマンとして働きはじめ、いきなり数十万のボーナスをもらったりして有頂天になっていたんです。

もちろん遊んだりもしました。とにかく金には不自由しなかったので、仲間と盛大にパーティをしたり、クルーザーを貸し切ってクルージングに行ったり、バブルを満喫していたんです。

そのぶん、寝る時間を削ることになるので、体力的にはきつくなります。

当時「二十四時間働けますか?」というCMコピーが流行《はや》っていましたが、CMそのままに、毎日栄養ドリンクをがぶ飲みして働き、精力的に活動していました。

そんなある日、朝、起きようと思うと体が鉛のように重く感じられたり、会議中もほかの人の話が頭に入ってこなくなったんです。いま思えば、過労による軽い鬱状態だったと思うのですが、私は急にすべてがむなしくなってしまいました。

いつしか私は仕事を休み、マンションの部屋に引きこもるようになりました。

体育会系の社風でしたから、上司からは「出てこい！」「甘ったれるな！」「体調不良ぐらいなんだ！」と鬼のように電話がかかってくるんです。そのため、電話線を抜いてしまっていました。

すると、誰かがマンションを訪ねてきたんです。会社の誰かだと思った私は、もちろん居留守を使いました。だけどしつこくドアチャイムを鳴らされて、仕方なく開けると、そこには久美子《くみこ》さんが立っていました。

久美子さんは私の父のいちばん下の妹で、私にとっては叔母になります。

当時は確か四十歳になる手前ぐらいだったと思いますが、独身時代は男が次から次に寄ってきて困ったぐらいだという逸話があるほどだったので、まだまだ十分に美しさを維持していました。というより、衰えるどころか、加齢によって若干全身に脂肪がついてぽっちゃりした感じになっていて、それがまた熟女として久美子さんをさらに魅力的にしていたんです。

久美子さんはそのころ、私のマンションから車で二十分ほどの場所に一戸建ての家を建てて、夫と中学生になる息子の家族三人で暮らしていました。そのため田舎にいる父から私の様子がおかしいと聞き、心配して駆けつけてくれたのでした。

「会社を休んでるんですって？」

「うん……なんだかやる気が出なくて」

私がそう素直に答えると、久美子さんは叱るわけでもなく、尻を叩くわけでもなく、優しく言いました。

「そうなのね。まあ、疲れたんだったら、ゆっくり休めばいいわ。若いんだもの、いくらでもやり直しは利《き》くから。食欲はある？　なくてもたぶん食べたくなるわよ。哲《てっ》夫《お》君の好きなピーマンの肉詰めを作ってあげようと思って、材料を買ってきたの」

そう言うと久美子さんは、勝手にキッチンに立って料理を作りはじめました。

私はベッドに腰かけて、久美子さんの後ろ姿をぼんやりと眺めていました。少し大きめのお尻が、包丁を使う動きに合わせて左右に揺れるのがたまらなくかわいらしくて、荒《すさ》んでいた心が一気に癒やされていくようでした。

その日以降、子どもが中学生になって手がかからなくなったからと、久美子さんは足繁く私のマンションに通ってくるようになりました。そのたびにおいしい料理を作

101-8405

書籍のご注文は84円
アンケートのみは63円
切手を貼ってください

東京都千代田区神田三崎町2-18-11

二見書房・M&M係 行

ご住所 〒	
TEL - -	Eメール
フリガナ	
お名前	(年令 才)

※誤送を防止するためアパート・マンション名は詳しくご記入ください。

20.9

愛読者アンケート

1 お買い上げタイトル（　　　　　　　　　　　　　　　　　　）

2 お買い求めの動機は？（複数回答可）

□ この著者のファンだった　□ 内容が面白そうだった
□ タイトルがよかった　□ 装丁（イラスト）がよかった
□ あらすじに惹かれた　□ 引用文・キャッチコピーを読んで
□ 知人にすすめられた
□ 広告を見た　　（新聞、雑誌名：　　　　　　　　　　）
□ 紹介記事を見た（新聞、雑誌名：　　　　　　　　　　）
□ 書店の店頭で　（書店名：　　　　　　　　　　　　　）

3 ご職業

□ 学生 □ 会社員 □ 公務員 □ 農林漁業 □ 医師 □ 教員
□ 工員・店員 □ 主婦 □ 無職 □ フリーター □ 自由業
□ その他（　　　　　　　　　　　　　　）

4 この本に対する評価は？

内容：□ 満足 □ やや満足 □ 普通 □ やや不満 □ 不満
定価：□ 満足 □ やや満足 □ 普通 □ やや不満 □ 不満
装丁：□ 満足 □ やや満足 □ 普通 □ やや不満 □ 不満

5 どんなジャンルの小説が読みたいですか？（複数回答可）

□ ロリータ　□ 美少女　□ アイドル　□ 女子高生　□ 女教師
□ 看護婦　□ ＯＬ　□ 人妻　□ 熟女　□ 近親相姦　□ 痴漢
□ レイプ　□ レズ　□ サド・マゾ（ミストレス）□ 調教
□ フェチ　□ スカトロ　□ その他（　　　　　　　）

6 好きな作家は？（複数回答・他社作家回答可）

（　　　　　　　　　　　　　　　　　　　　　　　　　　　）

7 マドンナメイト文庫、本書の著者、当社に対するご意見、
ご感想、メッセージなどをお書きください。

ご協力ありがとうございました

↓ この線で切

●清純女子テニス部 男子マネージャーの誘惑ハーレム[16121 686円]
●ハーレム学園演劇部 放課後の禁断レッスン[15195 686円]
【卯月 アスム】(うづき・あすむ)
●お嬢様ハーレム学園 ひみつの男子研究会[16018 648円]
【浦路 直彦】(うらじ・なおひこ)
●美少女たちのエッチな好奇心 大人のカラダいじり[20052 705円]
●妻、処女になる タイムスリップ・ハーレム[19147 694円]
●小悪魔少女とボクッ娘 おませな好奇心[18175 722円]
●無邪気なカラダ 養女と僕の秘密の生活[17084 686円]
●敏感なつぼみ 美少女ヒミツ倶楽部[13149 648円]
●可憐なつぼみ[13016 648円]
【鬼塚 龍騎】(おにづか・りゅうき)
●新任女教師と音楽女教師 性獣学園の奴隷たち[19002 694円]
●性獣女学院 Sランク美少女の調教授業[17168 686円]
【尾張 弘樹】(おわり・ひろき)
●むちむちヨガ教室 巨乳インストラクターの個人レッスン[18064 686円]
【柏木 春人】(かしわぎ・はるひと)
●美娘とその熟母 淫らな復讐[15001 648円]
●美姉妹調教 姦る!-[12044 600円]
【北山 悦史】(きたやま・えつし)
●人妻 脱ぎたての下着[16011 657円]
【桐島 寿人】(きりしま・ひさと)
●三年C組 今からキミたちは僕の性奴隷です[20086 719円]
●戦隊ヒロイン大ピンチ 聖なる調教の罠[19086 694円]
●双子姉弟 恥辱のシンクロ強制相姦[18033 694円]
【霧野 なぐも】(きりの・なぐも)
●未亡人とその娘 孕ませダブル調教[20084 705円]
【霧原 一輝】(きりはら・かずき)

●清楚アイドル蟻地獄[18001 694円]
【鈴川 廉平】(すずかわ・れんぺい)
●美母と二人の若叔母を寝取られた僕[19127 694円]
●寝取られ義母 禁断の三角関係[18031 686円]
●寝取られ熟母 僕の親友は悪魔[17048 686円]
【瀬井 隆】(せい・りゅう)
●人妻ハンター 女を堕とす禁断のテクニック[15083 648円]
●若妻痴漢電車[13017 648円]
【高村 マルス】(たかむら・まるす)
●狙われた幼蕾 背徳の処女淫姦[20085 705円]
●幼肉審査 美少女の桃尻[19201 694円]
●半熟美少女 可憐な妹のつぼみ[18083 686円]
●美少女ジュニアアイドル 屈辱の粘膜いじり[17116 686円]
●新体操姉妹 レオタードの染み[16155 686円]
●いけにえ 危険な露出願望[16057 648円]
●美少女 淫らな拷問実験[14118 648円]
●鬼畜教師と美少女 肛虐レッスン[14001 648円]
【竹内 けん】(たけうち・けん)
●浴衣ハーレム 幼なじみとその美姉[20103 705円]
●修学旅行はハーレム 処女踊り食いの6日間[20003 705円]
●女教師釣り 放課後の淫蕩ハーレム[19108 694円]
●僕とお姉さまたちのハーレム卒業旅行[18176 722円]
【橘 真児】(たちばな・しんじ)
●人妻食堂 おかわりどうぞ[20081 719円]
●人妻の筆下ろし教室[20030 705円]
●あの日抱いた人妻の名前を僕達はまだ…[19194 694円]
●人妻たちと教師[19138 694円]
●女生徒たちと先生と[19065 722円]

●もうひとりの妻[19119 694円]
●いきなり未亡人[19009 722円]
●人妻 やりたいノート[18135 722円]
●君の縄。[18060 722円]
●奥さん、入りますけど。[17197 740円]
●奥さん、透けてますけど。[17113 722円]
●人妻どろぼう[16205 722円]
●新人家庭教師 お母さんが教えてあげる[16071 657円]
●二人の叔母[15040 657円]
【羽村 優希】(はむら・ゆき)
●【完堕ち】アイドル養成学校処女科[20104 705円]
●美少女の生下着 バドミントン部の天使[19182 694円]
●鬼畜教室 狙われた清純少女と女教師[18107 722円]
【早瀬 真人】(はやせ・まひと)
●ハーレム教室 僕らの童貞喪失日記[17133 686円]
●豊満叔母 おねだり熟尻[16156 686円]
●姉の黒下着 禁じられた衝動[14134 648円]
●おさない処女 レオタードの快感実習[13179 648円]
【氷室 洸】(ひむろ・こう)
●未亡人と美姉妹[15209 657円]
●淫惑の部屋[15059 657円]
【藤 隆生】(ふじ・りゅうせい)
●人妻巨乳バレーボーラー 寝取られM化計画[20034 719円]
●女子アナ候補生 鬼畜サークルのマゾ開発[18106 694円]
●巨乳秘書 鬼畜の洗脳研修[16174 686円]
【深草 潤一】(ふかくさ・じゅんいち)
●嫁の姉 誘惑の夜[18186 694円]
●淫ら義母 乱れる[18101 694円]

→ この線で切り取ってください

↑ この線で切

取ってください

← この線で切り取ってください

●隣りの人妻 誘惑の夜[17178 694円]
●清楚妻 ほんとは好き[17063 694円]
●兄嫁・真理子の手ほどき[16084 657円]
●むれむれ痴漢電車[15112 657円]
●通勤電車 下着のライン[14098 657円]
●誘惑通勤電車[12118 657円]
【星 悠輝】(ほし・ゆうき)
●折檻義母とご褒美ママ[19183 694円]
【真崎 好摩】(まさき・こうま)
●僕が寝取った人妻奴隷[19037 694円]
【真島 雄二】(ましま・ゆうじ)
●美人講師と有閑妻 オモチャになった僕[20020 705円]
●三人の美人妻 弄ばれた童貞ペット[18048 686円]
●美人司書と女教師と人妻[16193 686円]
【御影 凌】(みかげ・りょう)
●おねだりハーレム 幼なじみと早熟少女[15099 648円]
●敏感少女 秘密のおねだり[14044 648円]
●いけないこと、したい?・[13001 648円]
【美里 ユウキ】(みさと・ゆうき)
●女子校生刑事潜入! 学園の秘密調教部屋[20070 719円]
●女教師蟻地獄 恥辱の性処理担任[19128 694円]
●ねらわれた女学園 地獄の生贄処女[18193 722円]
【観月 淳一郎】(みづき・じゅんいちろう)
●美姉妹教師と僕 放課後はハーレム[19166 694円]
●人妻シェアハウスは僕のハーレム[17049 686円]
●ふたご巨乳ナース 僕と義母と叔母と[16058 648円]
●叔母と美魔女 背徳のヨガレッスン[15136 648円]
【深山 幽谷】(みやま・ゆうこく)
●名門女子校生メイド お仕置き館の淫らな奉仕[20120 719円]

●はまぐり伝説[16030 657円]
●儀式 ~真夜中の肉宴~[15208 657円]
●永遠のエロ[14129 657円]
【諸積 直人】(もろづみ・なおと)
●双子の小さな女王様 禁断のプチSM遊戯[20068 705円]
●隣のおませな少女 ひと夏の冒険[19087 694円]
●禁じられた教育実習 清楚な美少女たちと…[18034 686円]
●兄と妹 禁断のナマ下着[17032 686円]
●アイドルは幼なじみ 秘蜜のハーレム[16091 648円]
●無垢な小悪魔たち 言いなりハーレムの8日間[15157 648円]
●美少女たちとのハーレムな3日間[15014 648円]
●あ・そ・ぼ? 美少女たちの危ない夏休み[14075 648円]
【山口 了】(やまぐち・りょう)
●新人秘書研修 ふしだらな淫乱接待[18002 686円]
【柚木 郁人】(ゆずき・いくと)
●奴隷帝国ニッポン 牝奴隷調教機関[20035 719円]
●牝奴隷と牝化奴隷 幼い許嫁の完全調教[18156 694円]
●愛娘譲渡 悪魔の相姦調教[17153 694円]
●奴隷学園 アイドル養成科[16194 686円]
●兄妹奴隷【スレイブ】誕生 暴虐の強制女体化調教[16074 686円]
●処女調教365日[15173 686円]
●JC奴隷×禁虐病棟[15029 686円]
【渡辺 やよい】(わたなべ・やよい)
●美母 裏でお願い[17062 713円]
●人妻 乱れ堕ちて……[16085 657円]
●隣のとろける未亡人[15148 657円]
●いかせてあげます[15058 657円]
●ご奉仕します 人妻家政婦[14114 657円]
【綿引 海】(わたびき・うみ)

●素人告白スペシャル 禁断の人妻懺悔録[17086 686円]
●相姦告白 田舎のどスケベ熟女[17050 686円]
●激ナマ告白 隣のいやらしい人妻たち[17017 686円]
●相姦白書 禁断の昭和回想録[16195 686円]
●性体験告白 独り身熟女たちの性事情[16157 686円]
●濃厚熟女体験 あの夏の禁断の夜[16123 648円]
●豊満超熟白書[16092 648円]
●女教師 禁断【タブー】体験告白[16059 648円]
●熟妻相姦白書[15196 648円]
●女たちの相姦ナマ告白[15084 648円]
●性体験告白 夏の淫らな思い出[15120 648円]
●絶頂体験告白 すごい初体験[15016 648円]
●秘録 昭和の相姦告白集[15002 648円]
●熟れた好色妻たちの告白[14169 686円]
●相姦白書 禁断の関係に堕ちた女たち[14151 686円]
●本当は淫らな隣の奥様[14119 648円]
●禁じられた体験 肉欲に堕ちた人妻たち[14102 686円]
●禁断の相姦告白 熟れた母の秘密[14089 686円]
●投稿 田舎の若奥様 禁断の告白体験[14077 686円]
●激ナマ告白 背徳の相姦編[14058 648円]
●隣のいやらしすぎる奥様[14046 686円]
●相姦ドキュメント 劣情を我慢できない女たち[14027 648円]
●禁断の人妻レポート 淫らに溺れる熟女たち[14018 648円]
●素人投稿ドキュメント 淫らすぎる人妻体験[14002 648円]
●塾妻告白 おいしい不倫[18018 686円]
●人妻告白スペシャル 人に言えない淫らな体験[17185 686円]
●禁断の相姦告白 堕ちていく母たち[13181 648円]
●人妻禁断告白 わたしの誘惑体験[13166 648円]
【性実話研究会】

取ってください

ってくれて、二人でいっしょに食べるということを繰り返したのです。

それ以前に恋人がいたことがありましたが、みんな同い年か年下ばかりでした。そのせいか、久美子さんのような年上の女性に優しくされると、私はものすごく心地よくなってしまうのでした。

私は相変わらず、会社を休んでごろごろしていましたが、久美子さんの訪問を心待ちにするようになっていました。

そしてある日、いつものように久美子さんの手料理をいっしょに食べたあと、私は特に深い考えもなく尋ねたんです。

「どうして叔母さんは、ぼくにそんなに優しくしてくれるの?」

「だって、哲夫君は私のかわいい甥っ子だもの。元気が出るまで私が支えてあげようって決めたの」

そう言って久美子さんは私を抱き締めてくれて、私は豊満な胸に顔を押しつけるかたちになりました。弾力はもちろんすばらしいし、すごくいい匂いがするんです。うっとりと目を閉じると、不意になつかしい思いが込み上げてきました。それがなんなのかを思い出す前に、久美子さんが言いました。

「ほら、哲夫君のここ、また硬くなっちゃった」

私の股間を優しくさわりながら、悪戯《いたずら》っぽい笑みを浮かべるんです。

そのとき、私は思い出しました。こうやって久美子さんに抱きついて、そのなんともいえない甘い匂いを胸いっぱいに吸い込んでいたときのことを。

それは私が小学生のころです。当時の久美子さんはまだ独身で、ＯＬをしていました。子ども心にも、美人で優しい久美子さんのことが大好きだった私は、お盆や正月、法事など、親戚みんなで集まることが楽しみで仕方なかったんです。それはもちろん久美子さんに会えるからです。

そんなとき、子どもであることを最大限に利用して、私は久美子さんの膝の上に乗ったり、抱きついたりして甘えていたものでした。

親戚たちは微笑ましく見守っていましたが、子どもとはいっても男です。実はそういうとき、私のまだ皮も剥けていないペニスは、いつもビンビンに勃起していたのでした。

小学校四年生のとき、いつものように久美子さんに抱きついてオッパイに顔を押しつけていると「ああ～ん、くすぐったいわ」と笑いながら体をよじった久美子さんの手が私の股間に触れたんです。

そのとき、久美子さんはハッと表情を変えました。私の股間が硬くなっていることに気づいたようなのです。

一気に罪の意識が込み上げてきた私は、とっさにその場から走り去り、その日は久美子さんの顔を見ることもできませんでした。

その数カ月後に久美子さんが結婚してしまい、それ以降、久美子さんはお盆や正月は旦那さんの実家に帰省するようになったために、私たちはほとんど会う機会がなくなってしまいました。

そしてあのときの気恥ずかしさから、そんなことがあったことを私はすっかり忘れていたのです。だけど、久美子さんは覚えていたようでした。

「あのときも、硬くなってたわよね？」

鼻と鼻が触れ合うほど近くからじっと見つめながらそんなことを言い、私の股間をさすりつづけるんです。

いったいどういう気持ちからの行動か、私は混乱しました。でも、まだ若かった私は考えるよりも先に性欲の奴隷と化して、久美子さんの胸をもみしだいていたんです。

「ダメよ！　哲夫君……」

そう言いながらも、久美子さんは私の手を払いのけようとはしません。

それなりに人生経験も積んできたいまの私には、当時の久美子さんの気持ちも少しはわかります。結婚して十年以上が経《た》ち、中学生の子どもがいる夫婦が、そうそう夜の営みを持つとは思えません。

つまり久美子さんは、セックスレスの生活に悶々《もんもん》としていて、自分の体に興味津々の若い男と狭い部屋にいることで、欲情してしまったのでしょう。

当時の私にはそんなことなど想像もつきませんでしたが、それでも大好きな叔母とのエロティックな状況に猛烈に興奮して、本能のままに行動してしまったんです。

私は、いきなり久美子さんを抱き締めてキスをしました。

そして、唇をこじ開けるようにして舌をねじ込むと、久美子さんも切なげな声を洩らしながら舌を絡め返してきたんです。

二枚の舌が絡まり合って、ピチャピチャと音が鳴ります。それと同時に、荒くなった久美子さんの鼻息が私の頬をくすぐるんです。

私はキスをしながら、久美子さんのスカートの中に手を入れて、下着の上から陰部をさわりました。

「ああん、ダメぇ……」

唇を離し、久美子さんは私の腕をつかみました。だけど、その手には全然力が入っていません。

私はパンティの中心に線を引くように、指を動かしながら言いました。

「叔母さんのここ、もう湿ってるよ」

「いや！　嘘よ、そんなの。変なこと言ったら怒るわよ」

「嘘かどうか、確かめてみようよ」

私はパンティの股布部分を横にずらして、その内側の割れ目を剝き出しにし、指をヌルンとすべらせました。

「はああんっ！　ダメぇ……」

ビクンと体をふるわせて、久美子さんは私を突き飛ばすようにして体を離しました。その力がかなり強めだったので、私は少しとまどいました。求められていると感じたのは勘違いだったのかと心配になってしまったんです。

「どうして？　叔母さん、ほんとうにいやなの？」

「いやじゃないけど……相手が哲夫君だと思うと、なんだかすごく恥ずかしくて……だって、赤ちゃんのころから知ってるんだもの」

「ぼくはもう大人だよ。ほら、よく見てよ」

私はなんとか久美子さんをその気にさせたくて、その場に立ち上がり、服を脱ぎ捨てて全裸になりました。

「はあぁぁ……すごいわ」

久美子さんはため息を洩らしました。私のペニスはバナナのように反り返りながら、まっすぐに天井を向いてそそり立っていました。

それは自分でも驚くほどの力強さでした。子どものころからのあこがれの女性である久美子さんと、セックスができるかもしれない状況なのですから、それも当然かもしれません。

「叔母さんのことを思うと、ぼく、こんなになっちゃうんだ」

特に力を入れているわけでもないのに、ペニスはピクンピクンと細かく震えてしまうんです。それは武者震いのようなものでした。

そして、私のペニスのそんな様子から目を離すこともできない久美子さんは、ゴクンと喉を鳴らして生唾を飲み込みました。

「私のことを思って、こんなに元気になってくれているなんて……うれしいわ、哲夫君。お礼に気持ちよくしてあげる」

そう言うと、久美子さんはそっと手を伸ばして、ペニスを優しく握り締めました。

「ううっ……」

久美子さんの手はしっとりしていて、少しひんやりして、ただ握られただけですごく気持ちいいんです。

さらに久美子さんがペニスをつかんだ右手を上下に数回動かすと、ゾクゾクするような快感が私を襲い、亀頭に透明な液体がにじみ出てきました。

「あら、何か出てきたわ」

そう言って顔を近づけると、久美子さんは舌を伸ばして亀頭をぺろりと舐めました。

「はううっ！」

思わず変な声を出してしまった私の顔を上目づかいに見てクスッと笑うと、今度は先端からペニスをパクッと口に含んでしまいました。

「うっ……叔母さん……んんん、気持ちいいよ！」

そうつぶやく私の反応に気をよくしたように、久美子さんは首を前後に動かしはじめました。

口の中の粘膜で、ねっとりと締めつけながら首を前後に動かされると、腰が抜けてしまいそうなぐらい気持ちいいんです。

しかも久美子さんは、唾液をすするような音をジュルジュルと鳴らしながらしゃぶるんです。そのいやらしすぎるフェラチオに、私は猛烈に興奮してしまうのでした。

「久美子さん、すごく気持ちいいよ！　ううう……最高だよ」

私は仁王立ちしたまま、久美子さんを見おろしていました。

久美子さんは、ほんとうにおいしそうにペニスをしゃぶるんです。おそらくそうやってフェラチオをするのは久しぶりのことだったに違いありません。

きれいな顔と私の赤黒く勃起したペニスの組み合わせはエロすぎます。まだ若かった私は、すぐに射精の予感が込み上げてきてしまいました。

「ああ、叔母さん……うう……気持ちよすぎて、ぼくもう……」

そろそろ次の段階へと思いながら私が言うと、久美子さんはいったんしゃぶるのをやめて、ペニスを口から出して言いました。

「え？　もうイキそうなの？　いいわよ、私のお口の中でイッても。一回ぐらい出しても平気でしょ？」

確かに、この状況なら三回は連続で射精できる自信がありました。久美子さんはまたペニスを口に咥えると、それまでよりもさらに激しくしゃぶりはじめました。

それは強烈すぎる快感で、私はすぐに限界に達してしまいました。

「ああっ……叔母さん、出るよ！　あうっ……もう出るよ、はっううう！」

私は両手をギュッと握り締めました。ペニスが石のように硬くなり、次の瞬間、ビクンと激しく脈動し、尿道を熱い思いが駆け抜けていきました。

そして、久美子さんの口の中に、勢いよく射精したんです。

「ううっ……」

久美子さんはギュッときつく目を閉じました。そんな久美子さんの喉奥目がけて、私は大量の精液を放ちつづけました。

ようやく射精が収まると、私は久美子さんの口からペニスを引き抜きました。

「叔母さん……すごく気持ちよかったよ」

満足しきってそう声をかけると、久美子さんは私の顔を見上げながら、ゴクンと喉を鳴らして、口の中の精液を全部飲み干してくれたのでした。

「えっ？」

「哲夫君のだと思ったら、飲んでみたくて……ちょっと苦かったけどね」

久美子さんはぺろりと唇を舐めると、そう言って照れくさそうに微笑みました。

まさか飲んでくれるとは思ってもいなかった私は、感動に体がしびれてしまいました。それと同時に、大量に射精してやわらかくなりかけていたペニスが、また力をみなぎらせてまっすぐ天井を向いてそそり立ちました。

でも、またすぐにこれを使うわけにはいきません。

「今度はぼくが、叔母さんを気持ちよくしてあげるよ。さあ、叔母さんも裸になって」

私は久美子さんのブラウスのボタンをはずしました。そしてブラウスを脱がすと、されるがままじっとしている久美子さんを抱き締めるようにして背中に腕を回し、ブラジャーのホックをはずしました。

「はあぁぁん……」

カップを勢いよく跳ね上げるようにして乳房がこぼれ出て、重そうに揺れました。それは色が白くて、形もきれいな釣鐘型で、久美子さんのイメージどおりでした。

「ああぁ、叔母さんのオッパイ、すごくきれいだよ！」

私は久美子さんの左右の乳房を両手でもみしだき、その弾力とやわらかさを堪能しました。

「ああぁん、哲夫君、気持ちいいわ。はああぁぁん！」

私がもむ勢いに圧《お》されたように、久美子さんはあおむけに倒れ込みました。私はそんな久美子さんにおおい被さるようにして、左右の乳房を交互に舐め、乳首を吸い、軽く噛んであげました。

「あっはああん！」

体をのけぞらせて喘ぐ久美子さんは、ほんとうに色っぽいんです。そして私の興味は、さらに下のほうへと移動していきました。

「さあ、叔母さん、今度はこっちもよく見せて」

「だ、ダメよ……ここはダメ」

スカートを脱がしてパンティに手をかけると、久美子さんは鼻にかかった声でそう言いました。だけど、まったく抵抗する様子はありません。

私がかまわずパンティを引っぱりおろそうとすると、久美子さんはかすかにお尻を浮かせてくれました。

「ああん……」

股間からパンティが剝がれる瞬間、久美子さんが切なげな声を洩らしました。それはパンティの裏側が、ねっとりとした粘液にまみれてしまっていることを見られる恥ずかしさからのようでした。

だけど、私はこれからもっとすごいものを見ようとしているんです。下着になど興味はありません。

「フェラのお返しに、今度はぼくがいっぱい舐めてあげるよ」

パンティを脇に置くと、私は両手で久美子さんの足首をつかんで、そのままグイッと押しつけました。

「ああん……いやん、ダメぇ！」

そう言いながらも、久美子さんの体にはまったく力が入っていません。そして、すぐにM字開脚ポーズになってしまいました。

「うわぁ、すごいよ！」

私はそうつぶやいていました。子どものころからのあこがれだった、久美子さんのアソコが丸見えです。陰毛は薄く、小陰唇は小ぶりで、色はきれいなサーモンピンクです。それは、清楚な美人である久美子さんのイメージどおりの陰部でした。

ただ、溢れ出た愛液にまみれてヌラヌラ光っている点だけが、少し意外でした。だけど久美子さんにも性欲があるというのはもうわかっていたので、それならもっと感じさせてあげたいと思いました。

私は久美子さんの陰部に食らいつき、ベロベロと舐め回しました。

「はあああぁん……哲夫君……んんん、気持ちいい！」

M字開脚ポーズで陰部を突き出したまま、久美子さんは体をのたうたせました。二枚の小陰唇の間には膣口がぽっかりと開き、物欲しそうにヒクヒクしながら大量の愛液を溢れさせています。私はそこに直接口をつけて、ズズズッと音を鳴らして愛液をすすりました。

さっき精液を飲んでくれた、お返しのつもりでした。

だけどその変態的な行為は、久美子さんをさらに興奮させたようです。

「ああ、ダメ！　恥ずかしいぃ……あああん……」

ヒクヒクと腰をふるわせながら声を張りあげるんです。絶頂の瞬間が近いことは、私にもわかりました。だから私は、クリトリスを舌先でくすぐるように入念に舐め回してあげたんです。

すると、久美子さんはいきなりビクンと体をふるわせ、絶叫しました。

「ああっ、だ、ダメぇぇ！　い、イク！　あっはああん！」

そしてぐったりと手足を伸ばし、苦しげな呼吸を繰り返しました。

「叔母さん、イッたんだね？」

「ええ、そうよ……哲夫君、すごくじょうずだわ」

「そう言ってもらえてうれしいよ。じゃあ、今度はいっしょに気持ちよくなろうよ。これを使ってさ」

私は股間にそそり立つペニスを右手で握り締めて、大きく開かせた久美子さんの両脚の間に体を移動させ、亀頭をどろどろにとろけた膣口に押しつけました。

「あああぁん！　入ってくるぅ……あああん！」

巨大な亀頭が、なんの抵抗もなく久美子さんの中に埋まっていきました。そして、根元まで完全に埋まってしまうと、今度は熱い膣壁がねっとりとペニスを締めつけてきました。

「ううっ……叔母さんのオマ○コ、温かくて、すごく気持ちいいよ！」

私は久美子さんにおおい被さり、唇を重ねました。そして舌を絡め合うディープキスを交わしながら、ペニスを激しく抜き差ししはじめました。

二人のこすれ合う粘膜がぐちゅぐちゅと鳴り、そこに久美子さんの喘ぎ声と私のうめき声が被さるんです。

「いい！　気持ちいいわ……はああ！　哲夫君、またイク……はあああん！」

クンニで一度イッて敏感になっているのか、久美子さんは立て続けに何度も絶頂に昇りつめました。そのたびに膣壁がキューッ、キューッと、きつく私のペニスを締めつけるんです。

その狭い膣道に無理やり抜き差ししているうちに、私も限界に達してしまいました。

「ああ、もうダメだ。ぼくも……ううっ、もうぼくもイキそうだ！」

「はああん、きてぇ……中にいっぱい出してぇ……ああああん！」

「あああっ……もう、もうイク！　ううう……叔母さん、イクよ、はっううう！」

私が熱い精液を放出すると同時に、久美子さんもまた絶頂に昇りつめました。

「あああっ……い、イク～ッ！」

そして私たちは汗まみれの体を重ね合わせたまま、しばらくセックスの余韻にひたっていたのでした。

その後、私は会社を退職し、実家に戻って地元の小さな会社に勤めるようになりました。そこは東京と違って、のんびりと時間が流れている会社でした。

叔母さんとは、その後も正月や冠婚葬祭で何度も顔を合わせていますが、あの日のことを話題にしたことはありません。あれは二人の胸の中だけにしまった、貴重な思い出なんです。

母のいない孤独な男が父の再婚相手から求められ許されざる禁断中出し挿入！

坂元浩二　会社員　五十六歳

私が母を病気で亡くしたのは、もう四十年近く昔のことになります。当時私はまだ高校生で、その悲しみは年月が経《た》ったいまも昨日のことのように記憶しています。母の死から約半年後、私は自宅から通える大学に進学しました。しかし母を失ったことを引きずっていたのか、当時の華やかなキャンパスライフとは無縁でした。

時代はバブルのまっさかりです。イベント系のサークルやナンパ目的のテニスサークルなど、浮かれた学生たちが集まる飲み会に私自身も数回は参加しました。しかし彼らは自分とは別世界の人間に思えました。まるでなじめなかったのです。

サークルの名前を刷った名刺を交換したり、その場で女性をお持ち帰りしたり。そんな人種を間近に見て、とても自分はこんなふうになれないと思い、距離を置くようになりました。私は当時の流行語で言うところの「ネクラ」な学生だったのです。

父が再婚したのはそんなころ、私が大学二年生のときでした。

当時父は五十代。相手の女性は美登里《みどり》さんという三十代後半の、父よりもかなり若い、美しい女性でした。

私にとっては青天の霹靂《へきれき》でした。そして私にろくに相談もせずに再婚を決めた父に対し、強い反発心を覚えました。母を失って日も浅いのに、後妻をもらうなんて。そう思って、初めのうちはこの若い義母と、ろくに口もきかなかったのです。

でも、美登里さんのほうは私に積極的に話しかけ、近づこうと努力していました。

「今日の晩御飯は、浩二《こうじ》君の好きなものにするわ。何が食べたい？」

「浩二君、悩みごとがあったら、私を本当のお母さんだと思ってなんでも相談してね」

美登里さんの声はタレントでいうと萬田久子《まんだひさこ》さんみたいな、女性としては低い声でした。「濡れた声」とでも表現すればよいでしょうか。そんな色っぽい声で話しかけられ、ときに軽く腕に手を置かれたりボディタッチをされたりもしたのです。

正直言って、何度もドキッとさせられました。当時私はまだ童貞だったのです。

でも父への反発心から、半ば意地になって無視を貫きました。

とはいえ、父は夜遅くまで仕事で不在、大学に友人もいない私は在宅がち。必然的に家の中では、美登里さんと私の二人だけになる機会が多かったのです。

美登里さんは家では、露出の多い服をよく着ていました。黒のタンクトップで明らかにノーブラ。そんな格好で私の前をうろつかれて、目のやり場に困らされました。私も性欲が強い盛りの時期です。無視しようにも、できないのです。

同居して半年が過ぎたころには、美登里さんは私を誘惑するような素振りさえ見せるようになりました。初めは義理の息子との距離を縮めるためのコミュニケーションだと思っていました。しかしそのころにはもう、明らかに様子がおかしかったのです。

話しかけながら私の太ももに手を置いたり、胸を押しつけてきたことさえありました。柔らかい女性の体の感触に、思わず盛り上がった股間を隠すのに苦労しました。

「ねえ、浩二君……」

その日も、美登里さんは必要以上に私に体を触れさせ、話しかけてきました。場所は家のリビングの、大きなソファの上でした。

昼間のことで、家にはやはり美登里さんと私の二人きりです。

私は思わず、彼女の体を突き飛ばすように強く引き離しました。

「やめてくれよ！　ベタベタするのは……」

私は思わずそう叫んでいました。すると、驚いたことに美登里さんは私の前で声も出さずに泣き出してしまったのです。これには私も、あわててしまいました。

「浩二君なら、私の相手をしてくれると思ったのに……」

言葉の意味がわからないでいると、美登里さんは告白してきました。美登里さんは私の父との結婚後、ほとんどセックスをしてもらえていなかったのだそうです。

義理の息子に向かってそんな話をするなんてと思いつつ、私は美登里さんの口から語られる、なまなましい夫婦生活に聞き入ってしまいました。

「してもらってないって……どうして？」

とまどいながら訊《き》く私に、美登里さんは言いました。

「実はお父さん、結婚したあとすぐ、オチ○チンが勃《た》たなくなっちゃったの……」

新婚当初から欲求不満が溜まっていた美登里さんは、二番目に身近にいる男である私に目をつけたのだと、赤裸々に白状してきたのです。

「ねえ……私のこと、そんなに嫌い？」

涙声でそんなセリフを言われたら、もう無視することはできません。否定しないでいる私の顔に、美登里さんの唇が迫ってきました。

当時の女性の口紅は、いまよりずっと赤かった気がします。その赤い唇が、目の前の限界まで近づいてきて、私自身の唇におおいかぶさってきたのです。

唇は熱くて、とてもやわらかい感触でした。それが私のファーストキスです。

そしてすぐに、舌が私の中に入り込んできました。いま思い返しても、とてもじょうずなキスでした。けっして力を入れてとがらせたりすることなく、トロリとやわらかい舌先が、緊張する私の心と体をほぐすようにマッサージしてきたのです。

私も夢中になって、美登里さんの舌に自分の舌を絡ませました。きっと、下手くそなキスだったと思います。がっついて前歯を当てたりもしました。でも美登里さんはそんな私をリードするように、やさしく舌を味わってくれたのです。

美登里さんの体がそれまで以上に私に押しつけられてきます。自分の胸板に美登里さんの乳房のふくらみを感じると、あっという間に股間がふくらんでしまいました。

「あぁっ！」

思わず声が出ました。短パンの上から、そのふくらんだ部分に美登里さんが触れてきたのです。薄手の布地の上から形を確かめるように美登里さんの指先が動きます。

「すごくうれしい……自分に魅力がないから、お父さんのオチ〇チンが勃たなくなっちゃったのかなって。あたし、すごく心配してて……」

美登里さんは私の表情と反応を見ながら、そう言いました。

「……魅力ないなんて、そんなことないです……美登里さん、きれいだし……」

これまでずっと避けていたくせに、私はそんなセリフを吐いていました。初めてのキス、それもこんな濃厚なキスをされて、すっかり舞い上がっていたのです。

「うれしい……すごくうれしい！」

美登里さんはそう言って、私の部屋着のシャツをめくり上げてきました。脱がせてしまうと、今度は唇にではなく首筋にキスをしてきました。

私の乳首を指先でいじりながら、美登里さんの濡れた舌は私の首筋から耳に上がり、今度は乳首にまで下がってきました。そして乳首を舌でいじり、チュウチュウと吸い上げてきたのです。

その間も私の短パンのふくらみをずっと、強弱をつけて、いじりつづけていました。

「う、ぐっ……」

いじられる股間がどんどん熱くなって、痛いくらいになってしまいました。

私の体は美登里さんに押し倒され、ソファにあおむけになっていました。そこに肉食獣のような美登里さんが、おおいかぶさってきたのです。

これまでも、なにかと私に体を近づけていた美登里さんではありましたが、やはり実際に肌を合わせるのはインパクトが違いました。「メスの匂い」をこれでもかと感じてしまうのです。濃厚なアルコールに酔うような感覚でした。

「ねえ……私のも、さわってみて……」

美登里さんが私の手を取って、自分のスカートの中に入れてきました。

緊張で震える私の指先が、パンティ越しに美登里さんの股間に触れました。布地の上からでもこんなにやわらかさがわかるものなのかと、驚いたのを覚えています。

わけもわからず指先を動かすと、美登里さんは少し痛そうな顔をしました。

「んん……もっと優しく、ソフトにして……」

私は美登里さんにリードされるままに、指先の力を弱めました。すると、その部分がただやわらかいというだけでなく、湿り気があり、濡れているのがわかりました。

「美登里さんのここ……すごく濡れてる……」

ため息交じりにそう洩らすと、美登里さんの顔が真っ赤になりました。

「いやあ……恥ずかしい……」

その瞬間、私は美登里さんのことが愛おしくてたまらなくなりました。

あんなに避けて無視していたのに、美登里さんを誰にも、父にさえも渡したくないと、強く思ってしまったのです。私は美登里さんのスカートをめくり上げパンティを脱がしました。そうせずにはいられなかったのです。

「ああ、あん！」

私の指が直接オマ○コに触れると、美登里さんの体が大きくうねりました。

そして指先は、私が挿入するというよりも、まるで呑み込まれるように美登里さんの奥にするりと入り込んでいったのです。

生まれて初めて知る女の人の内側の感触に、私の心臓はバクバクと高鳴っていました。美登里さんは片手で自分の口を押さえていました。

私はあまり知識もないくせに、指を前後に動かしつづけました。すると美登里さんの体が急にガクンと脱力して、私の上におおいかぶさったのです。

「い……イッちゃった……」

あおむけの私の耳元に、熱い吐息とともにそうささやかれました。

自分が女性をエクスタシーに導いたという事実は、まるで夢のようでした。

私は夢見心地で美登里さんの腰に両手を回しました。そのまましばらく余韻にひたっていましたが、やがて美登里さんが体を起こし、こう言いました。

「ねえ、おもしろいもの、見てみない？」

美登里さんは立ち上がり、リビングに置かれた大きな戸棚の、上の部分にある扉を開けて、奥から何かを取り出しました。それはＶＨＳのテープでした。何のラベルも貼られていないテープです。

当時、家には買ったばかりのビデオデッキがありました。美登里さんがそこにテープを入れると、怪しげな映像が流れはじめました。

荒い、何度もダビングをくり返したと思われるノイズの多い映像でしたが、そこに映し出されたのは、そのころようやく出回りはじめた裏ビデオだったのです。

私はゴクリと音を立ててツバを飲み込みました。荒い画質だとはいえ、アップの女性器を見るのは、生まれて初めてのことだったのです。

「こんなものまで見てがんばったのに、お父さんは元気にならなかったの……」

美登里さんはそう言って私の隣に座りました。すぐそばに美登里さんがいるというのに、私の目はテレビの画面にくぎづけでした。

『ああっ、はぁああんん！　あああぁ！』

映像の中では、すでに生まれたままの状態になっている男女が文字どおりくんずほぐれつ、上になったり下になったり激しく体位を変えて絡み合っています。

女性は当時流行していたソバージュで、かなりきつめのメイクをしていました。その女性が真っ赤な唇でフェラチオをする場面を、なまなましく覚えています。女性器のアップ以上に、なぜかそっちに興奮しました。

美登里さんが私の反応を愉しむように、顔を近づけてきました。

「あんなこと……されてみたい？」

美登里さんは再び、私の胸板に舌先を這わせてきました。そして短パンを脱がしてブリーフの上から指でなでさすります。チ○ポがガチガチなのを確認してから、顔を近づけてきました。

布越しに唇で咥えると、ブリーフに真っ赤な口紅がつきました。

「うっ……んっ！」

ここで出してはいけないと私は必死で耐えました。その間も私の視線は、テレビ画面の男女の痴態に吸い寄せられていたのです。

十分以上そうして焦らしたあと、美登里さんはブリーフを脱がしてきました。勃起しきったチ○ポの先端がブリーフの端の部分に触れると、くすぐったいどころか痛いほどの感覚でした。それくらい敏感になっていたのです。下着のゴムに引っかかりながらまろび出たチ○ポは、ブンブンと首を振っていました。私のチ○ポの様子を見て、美登里さんはうれしそうに赤いルージュの左右の端を吊り上げました。

「すっごく興奮してる……うれしい……」

美登里さんの濡れた唇が、大きく広げられました。

期待と不安におののく私のチ○ポの亀頭部分に、美登里さんの唇がおおいかぶさってきました。ヌルッとして感触がチ○ポの竿の部分を伝って下りてきて、根元まで完全に包んでしまったのです。それまでに味わったことのない快感でした。

「うっ、ああ！」

思わず大きな声でうめく私を、美登里さんが見上げてきます。その艶《つや》っぽい表情に、これでもかと射精感がこみ上げてしまうのです。

「そんなにされたら、もう……」

私がそう言うと、美登里さんは口をチ○ポから離しました。大量の唾液が糸状になって、ベトベトに濡れた亀頭と繫がっています。

「すぐに出されたら、困るから……」

美登里さんはそう言って、チ○ポではなくもっと大胆な場所を責めてきました。

それはなんとお尻の穴、私の肛門だったのです。美登里さんは私の下半身が半ば上を向くような体勢にして肛門を露出させ、そこを舌でツンツンと突いてきたのです。

「ちょ……そこは、き、汚いです！」

美登里さんは私の言葉に耳も貸さず、お尻の穴にとがらせた舌先を突っ込みます。

もう、私は裏ビデオを見てはいませんでした。フェラチオまでは予想できても、これは完全に想定の範囲外でした。こんな美人が自分の洗ってない肛門を舐めるなんてウブな童貞だった私は、文字どおり悶絶《もんぜつ》しました。でもチ○ポと違って射精に直接っながる快感ではないので、いつまでも生殺しのようでした。

美登里さんは、ニチャニチャといやらしい音をさせてお尻の穴を舐めました。そして、指先で触れるか触れないかというくらいの力でチ○ポをなで回したのです。

「も、もう……限界です……美登里さん！」

私が泣き言を言うと、美登里さんは微笑を浮かべながら口を離しました。

そして、上半身に着ていたシャツを脱ぎました。

美登里さんのおっぱいを、初めて見ました。

いいえ、それどころか、女性の胸を生で見るのはこれが初めてのことでした。

「うわあ……きれいです……」

思わずため息が出ました。美登里さんの胸の形は想像以上に美しいものでした。乳首は小ぶりで、上を向いています。そこから下に大きくたわむ曲線を描いていました。

三十代後半の年齢らしく少し垂れ気味でしたが、それがやわらかさを強調しているように見えて、かえっていやらしさを感じさせられました。

美登里さんも、ほんの少し照れたような顔を見せました。

そして、恥ずかしさをごまかすようにあおむけに寝かせた私の上におおいかぶさり、その状態でスカートもパンティも脱いでしまったのです。

「浩二君の童貞、もらっちゃうね……」

自分でチ○ポをつかんで、導き入れるように腰を落としてきました。

「んっ……はああ！」

そんな吐息が、美登里さんと私の両方の口から洩れ出ました。美登里さんは呑み込んだチ○ポをキュウッと締めつけながら、腰を上下に動かします。

引っぱられるような感覚に、つい私の腰が動いてしまいました。

「ん、ん……いいの、浩二君はじっとしてて……」

美登里さんは、私をソファに寝かせて、自分で腰を動かしました。

前後に、上下に。巧みに動かされる腰に、私の感覚は翻弄《ほんろう》されました。

こんなに気持ちいいものが世の中にあったなんて、というのが感想でした。

「んっ、んっ、あたしも、気持ちいいよ！」

私の思いに呼応するように、美登里さんが吐息まじりに言いました。

リビング中が、いやらしい喘ぎ声で満たされていました。裏ビデオから流れる音声と、美登里さんと私があげる生声です。

つい興奮して忘れていましたが、コンドームも何も着けずにしていることに、急に気がつきました。私は不安になってきました。

「ねえ、これ、何も着けないでしてるけど……いいのかな？」

万が一、妊娠でもしたらたいへんだと思ったのです。

「だいじょうぶ……今日はＯＫの日だし……そんなに簡単にデキやしないから」

美登里さんは思った以上に奔放な女性だと、このとき思い知らされました。

「……それに、パパと同じ遺伝子なんだから、問題ないでしょう……」

美登里さんはそんなことまで言いました。なぜかこの言葉を聞いたとき、私はそれまで以上に興奮してしまいました。そして美登里さんの体を抱きかかえて、繋がったまま上下逆の体勢になったのです。

「あ、んっ……」

美登里さんを寝かせて、自分は上半身を起こしたまま腰を動かしました。

初めはぎこちなかった腰の動きが、どんどんスムーズになっていきます。

「あっ……気持ち、いい！」

腰の動きがようやくピストンと呼べるようなものになると、自分の動きに合わせて揺れる美登里さんのバストに目がくぎづけになりました。

まん丸のお椀を二つかぶせたような形のよいおっぱいが、ほかならぬ自分自身の腰の動きでプルプルと揺らされ、波打っているのです。

プリンのように揺れまくるおっぱいを見ているだけで、美登里さんのオマ◯コの中で、自分のチ◯ポがさらに硬くなっていくのを感じました。

「美登里さん、俺もう……イキそうです！」

私がそう言うと、美登里さんは両脚を広げて、それで私の腰を抱きかかえるように挟み込んできました。

求められているという実感がありました。気がつくと私は、思いっきり激しく腰を前後させて、美登里さんの中に大量の精液を出しながら果ててしまったのです。

「うっ……あ、あ、あ！」

ぐったりと美登里さんにおおいかぶさり、私はそのまま微睡《まどろ》んでしまいました。

まさに精を搾り尽くされたのです。あのときの快感の強さは、もう一生味わえないと思います。しかし一度吐き出してしまうと、あれほど美登里さんを愛おしいと思った気持ちも吹き飛んでしまったのが不思議でした。

でも、性欲は別でした。その日以降、私たちは獣のような毎日を過ごしました。まるでタガがはずれたように、快感だけを求めるセックス漬けの日々が始まったのです。

時間だけはありましたから、日中はずっとセックス漬け。美登里さんは性欲を満たすためだけに私の肉体を求めました。こんなことでもなければ、ネクラ男の自分がこんな美人とヤレるチャンスはないと思い、とにかくヤリまくったのです。

体だけの関係なので、行為はエスカレートする一方でした。

お尻の穴を舐められるのは毎度のことでした。次第に指を挿入されたりもするようになって、私のほうも指を入れるように要求されたりもしました。

裏ビデオも、美登里さんが新しいものを手に入れるたびに観賞会になりました。

そしてそのあとには決まって、ビデオの中の男女がしているのと同じ行為を美登里さんと二人で再現したのです。家の外では冴えないネクラ青年だった私ですが、生涯にあれほどセックスにおいて充実していた日々はありませんでした。

その後、大学でも少しずつ自信を持ってふるまえるようになりました。美人と毎日セックスしているという事実が、自信に繋がったのかもしれません。

美登里さんとの関係は、私が就職を期に家を出るまで続きました。でも離れて暮らすとパッタリ、ウソのように止まりました。私も一人立ちしたのだと思いました。

もう父も亡くなったいま、懺悔《ざんげ》のつもりで、この告白手記を書きました。

キャリアウーマン志向の美人従姉と酔った勢いでノリノリ騎乗位FUCK

杉村光輝　会社員　五十四歳

いまから三十年前の経験談を、ぜひとも聞いてほしくてペンをとりました。

私の父はマンションを経営しておりまして、その中の一室を母方の従姉の友希恵《ゆきえ》ちゃん(当時三十二歳)に借していました。

大学進学のために上京してからなので、もう十三年は経《た》っていたでしょうか。

凛《りん》とした顔立ちにすらりとした体型と、知的な印象は受けるのですが、身体の出るところは出ていて、とても魅力的な女性でした。

友希恵ちゃんはもともとキャリア志向が強く、ある大手の流通企業に就職すると、営業職として男に負けるものかとがんばっているようでした。

ばっちり化粧を施《ほどこ》した容貌、パンツスーツで颯爽《さっそう》と歩く姿がカッコよく、見とれてしまうときもあったのですが、実は内面はすごくズボラな人で、そこがまた魅力でもありました。

男女雇用機会均等法が施行されてから四年、私が大学を卒業し、社会人一年目を迎えたある日のことです。

研修を終えて帰宅すると、前をふらふら歩く友希恵ちゃんの姿が目に入りました。声をかけると、かなり深酒をしたらしく「部屋まで送って」と言われました。

彼女の部屋に足を踏み入れるのは久しぶりのことだったのですが、いやはや入ってびっくり。散らかし放題で、足の踏み場もない状態だったんです。

「うわ、すっごい部屋」

「うるさいわね。早くベッドに連れてって」

部屋の間取りは1DKで、寝室の扉は開けっ放しになっており、そこの部屋の床にも衣服やペットボトルが散乱していました。

とりあえずベッドに寝かせると「水」「上着を脱がせて」と横柄な態度で、別人のような彼女を訝《いぶか》しみながらも、言われるがまま、水を飲ませ、上着をハンガーにかけてあげました。

「じゃ、俺は帰るからね。鍵、ちょうだい。閉めたあとに、ドアポストに返しておくから」

「介抱してくれないの？」

「はあ？　何、甘えてんの。俺はこの時間まで研修してて、くたくたなんだからね」

「ああ、熱いわ」

　こちらの話には耳を貸さず、友希恵ちゃんはブラウスの第一ボタンをはずしました。くっきりした胸の谷間が目に飛び込んできて、理屈抜きで男が奮い立ちました。いまにして考えると、仕事が忙しくて自家発電をしていなかったことが影響していたのだと思います。俗に言う「疲れマラ」もあったのかもしれません。

　軽い寝息が聞こえてくると、私は小声で問いかけました。

「友希恵ちゃん……寝ちゃったの？」

　こんもりしたバストから目が離せず、私は荒々しい性衝動に抗《あらが》えませんでした。手をゆっくり伸ばし、胸のふくらみに触れると、心地いい弾力感に息が弾みました。同時に海綿体に血液が注ぎこまれ、スラックスの下でペニスがグングンと膨張していったんです。

　もっと淫らな行為にふけりたかったのですが、目を覚ましたら、とんでもないことになります。どうしたものかと思案した私は、その場で上着を脱ぎ捨て、再び小さな声で問いかけました。

「友希恵ちゃん、服がしわになっちゃうよ。脱いでから寝ないと」

そう言いながらブラウスのボタンをはずしていったときのワクワク感は、言葉では言い表せません。縁にフリルをあしらったブラジャーを目にしたときは、飛び上がって喜びを露《あらわ》にしたいぐらいでした。

「パンツも脱がないと、だめだよ」

ブラウスの前ボタンをすべてはずしたところで、今度はパンツのホックに手を添えました。

下を脱がして下腹部を目に焼きつけたいと考えたのですが、次の瞬間、友希恵ちゃんは目を開けて睨《にら》みつけてきたんです。

「……何してんの？」

「いや、言ったでしょ？　着の身着のまま寝たら、服がしわになるからって」

「まったく、男なんてみんな同じね。いやらしいんだから」

「狸寝入りしてたの？　ひどいな」

「どっちがひどいのよ。最低！」

「ご、ごめん……」

うつむき加減で謝った直後、彼女はシュンとする私の手を引っぱり、抱き合うかたちでベッドに倒れこみました。あっと思った瞬間には唇を奪われ、私は想定外の展開に目を白黒させるばかりでした。

あとで聞いた話によると、あの時代、働く女性にはまだ偏見も多く、セクハラやパワハラは日常茶飯事だったとか。

結婚を前提に交際していた彼氏とも、専業主婦になる、ならないで意見が衝突して別れてしまい、ヤケ酒で憂《う》さを晴らしていたそうです。

そのときはそんな事情は露知らず、性欲のかたまりと化すなか、友希恵ちゃんは頬をすぼめて唾液をすすり上げ、舌を猛烈な勢いで吸引しました。

「む、ぐっ、ぐっ」

舌を根元からもぎ取られそうな痛みに悶絶《もんぜつ》しつつも、胸に合わさるバストの弾力感が気持ちよく、ペニスは完全に勃起してしまいました。

あのときの私は、女性経験は一度きりで、ほとんど童貞みたいなものでしたから、従姉とディープキスをしているという事実が信じられず、全身の血が沸騰する思いでした。

「ぷふぁ！」

長いキスのあと、天井を仰いで息を吐き出すと、今度は下腹部に巨大な快感が走りました。

「硬いのが、当たってるよ」

「……あ」

手のひらで股間のふくらみをなでられただけで射精しそうになり、放出をこらえたところでベッドに押し倒され、ネクタイをほどかれました。

その間、私はされるがままの状態で、彼女の行為を呆然《ぼうぜん》と見つめるばかりだったんです。ベルトをゆるめられ、ジッパーを引きおろされ、スラックスのウエストに手を添えられた瞬間、私はようやく現実に引き戻されました。

「あ、ちょっ……だめだよ！」

「いまさら、何言ってんの？　あなたがやろうとしてたことでしょ」

「あ、ああっ」

ズボンをトランクスごと引きおろされ、ペニスが弾け出ると、顔が火を吹くほど熱くなりました。

あの日は朝から暑く、汗を流していなかったのだから当然のことです。

あまりの羞恥に身をよじらせるも、ズボンと下着はあっけなく足首から抜き取られ、下腹部全体を剝き出しにされてしまいました。

欲情している姿を従姉に見られてしまったのですから、まさに天地がひっくり返るような心境で、私はあわてて股間を手で隠そうとしました。ところがひと足早く柔らかい指がペニスに巻きつき、体が一瞬にして硬直してしまったんです。

「あ、ふっ！」

「すっごい、カチカチだわ。ひょっとして、溜まってるの？」

「あ、ううっ」

性電流が断続的に背筋を這いのぼり、私はただ奥歯を嚙みしめて射精をこらえるばかりでした。驚いたのはそのあとで、友希恵ちゃんは身を屈め、間髪を入れずにペニスを口の中に招き入れたんです。

「……あっ」

シャワーを浴びていないのですから、臭っていたと思うのですが、彼女はかまわずペニスをグッポグッポと舐めしゃぶりました。

「ああ、ああっ！」

生温かい口の中の粘膜、うねりくねる濡れた舌が裏筋を這いなぶり、とにかく気持ちがよくて、私はケモノのようなうめき声を盛んにあげていました。

シーツを引き絞って耐え忍んだものの、首の打ち振りは遠慮なく速度を増し、射精願望がうなぎのぼりに上昇しました。そしてフェラチオをされてから五分も経たず、我慢の限界に達してしまったんです。

「あ、あ、出ちゃう……出ちゃう!」

裏返った声で放出を告げた直後、友希恵ちゃんは口からペニスを吐き出し、猛烈な手コキで肉幹をしごきたてました。

「いいよ、出して!」

「あ、ホントに……出ちゃうよ!」

「イクとこ、たっぷり見せて!」

「あ、う、イクッ、イックぅぅっ!」

「きゃン、出た!」

一発目は高々と跳ね飛び、私の首筋に打ちつけました。

合計六回ほどは射精したでしょうか。噴出が収まりはじめると、友希恵ちゃんは根元から皮をなめすようにしごき上げ、尿管から残り汁を搾り取ったんです。

「すごいわ……どれだけ溜まってたのよ」

「はあ、はあ、はあっ」

天井をボーッと見つめて息を吐くなか、彼女は床からティッシュ箱を手に取り、指に付着した精液を拭き取っていました。

「部屋まで運んでくれたお礼よ。これで、さっぱりしたでしょ」

友希恵ちゃんはとろんとした目で言い放ち、私のとなりに寝転ぶと、背中を向けてしまいました。

「……え」

寝息が聞こえてきたところで、ようやく息がととのい、私は身を起こして彼女の様子をうかがいました。

「友希恵ちゃん？」

いくら肩を揺すっても反応は変わらぬまま、ほんとうに眠ってしまったんです。

単にからかわれただけなのか。下腹部を露出したままの状態で、ペニスは精液まみれ。情けないというか、むなしいというか、あのときはほんとうにいたたまれない気持ちになりました。

このまま部屋をあとにするのもしゃくだという思いが込み上げ、同時に牡の本能がメラメラと燃え上がりました。

放出したばかりにもかかわらず、ペニスはフル勃起したままで少しも萎《な》えていなかったんです。

さりげなくヒップに目を向ければ、まるまるとしたふくらみが男をそそらせ、私は舌舐めずりをしながら彼女のパンツのホックをはずし、ジッパーを引きおろしました。そして彼女を起こさないように、ネイビーブルーのパンツを慎重におろしていったんです。

時間をかけてパンツを足首から抜き取ると、淡いブルーのショーツが目を射抜きました。

シルク地のセミビキニは燦々《さんさん》とした輝きを放ち、獣欲モードに突入したことは自分でもはっきり自覚していました。

クロッチをのぞきこむと、女陰のスタンプがくっきり刻まれ、レモンイエローの縦筋とカピカピした粘液の跡になおさら昂奮しました。

私は脱がせたショーツを瞬《まばた》きもせずに凝視し、クンクンと匂いまで嗅いでしまったんです。

自分の中に変態的な嗜好《しこう》がひそんでいたとは思いもしなかったのですが、強烈な刺激臭が鼻腔を満たすと、逆にペニスは激しくしなり、腰の奥が甘ったるい感覚に包まれました。

友希恵ちゃんに目を向けると、ほっそりした体型からは想像もできないむちっとした太ももと、Vゾーンに淡く煙る陰毛に胸がときめきました。

私はショーツを放り投げ、両足をゆっくり広げていったんです。

「ん、ンぅぅっ」

眠っていても、何かをされているという感覚はあるのか、足に力が込められました。

私は小さなうめき声が聞こえてくるたびに手の動きを止め、ようやく大股開きを完成させたんです。

「おおっ！」

簡素な縦筋とピンク色の恥丘に、思わず感嘆の溜め息がこぼれました。

よく見ると、割れ目から肉びらがはみ出ており、クリトリスも包皮から半分だけ顔をのぞかせていました。

異性の陰部をじっくり観察したのは初めてのことで、胸騒ぎを抑えられず、私は一も二もなく、こんもりしたふくらみにかぶりついたんです。

「……ンっ」

小さな声に続いて腰がひくついたものの、獰猛《どうもう》な性衝動は止まらず、舌先を一心不乱に上下させ、おマ○コの味を心ゆくまで堪能しました。

しょっぱさとピリリとした酸味が舌の上に広がり、こもりにこもった乳酪臭が鼻の奥を突き刺し、ペニスは条件反射のごとくビクビクとわなないていました。

「あ、ちょっ……な、何？」

過激なクンニリングスに目が覚めたのか、友希恵ちゃんの声が聞こえ、続いて太ももが狭まり、凄まじい力で顔を締めつけられました。

「いでで っ」

「な、何やってんのよ！」

「お返ししてあげてんでしょ」

「お返しって、どういうこと？」

「だって、友希恵ちゃんだって、俺のしゃぶってくれたじゃん。ひょっとして、覚えてないの？」

「……あっ」

ようやく先ほどのフェラチオを思い出したらしく、彼女は瞬く間に困惑した顔になりました。

愕然としている間も舌の動きは止めず、なんとしてでもその気にさせてやろうと、私はクリトリスに狙いを定めて刺激を与えつづけました。そしてクンニリングスを続けながらワイシャツを脱ぎ捨て、インナー一枚だけの姿になったんです。

「やっ、ちょっ、やめて、離れなさいよ……あ、ン、やぁぁっ！」

拒絶の言葉は次第に甘い響きを含みだし、両足から力が抜け落ちていきました。

ここぞとばかりに舌を跳ね躍らせると、ねっとりした愛液が割れ目から溢れ出し、陰唇はいつの間にか厚みを増していました。クリトリスも包皮から顔を出し、唇をすぼめてチューチューと吸いたててやったんです。

「やっ、やっ、ン、はぁぁっ！」

友希恵ちゃんのあそこはすっかり充血し、とろとろに溶け崩れていました。

ここまで来たら、口だけでイカせてやろうと考えた直後、彼女の両手が伸びてきて、私の頭をわしづかみしました。

「……入れて」

言葉がよく聞き取れず、顔を上げて様子を探ると、頬を真っ赤にした友希恵ちゃんがうるうるした瞳を向けていました。

「入れてよ……」

「い、いいの？」

「いいから、早く！」

私はためらうことなく身を起こし、両足の間に腰を入れ、亀頭の先端を女肉の狭間にあてがうと、ぬるりとした感触に続いて腰に熱感が走りました。

「早くっ！」

「あ、う、うん……」

そのままペニスを膣の中に入れた瞬間、生温かい膣襞が胴体にへばりつき、背筋がゾクゾクするほどの快感が襲いかかってきたんです。

体の動きを止め、歯を食いしばって射精をこらえていたところ、友希恵ちゃんは待ちきれなかったのか、恥骨を迫り出してペニスを膣深くまで呑みこみました。

「あ、ううっ」

「ン、はぁぁン」

悦楽の声が二人の口から放たれると、媚肉がキュンキュンと締まり、私は下腹部の筋肉をこわばらせることしかできませんでした。

情けない話ですが、逞しいピストンを繰り出せず、石のようにただ固まっていただけなんです。

友希恵ちゃんは両足で踏ん張り、下から腰をこれでもかと突き上げました。

「ぬ、おおおっ」

バツンバツンとお互いの肉の打音が響き渡るたびにペニスに快感が走り、全身の毛穴から汗が噴き出しました。

あのときは積極的なセックスをする女性はＡＶ女優だけだと思っていましたので、びっくりするとともに下半身に吹きすさぶ快楽に翻弄《ほんろう》されるばかりでした。

「ああ、いい、いいわぁ」

スライドが繰り返されるたびに頂点へと導かれ、放出寸前まで追いこまれたところで、友希恵ちゃんは身を起こして私の肩をつかみました。

「あおむけに寝て」

「え……うん」

言われるがままベッドに寝転ぶと、彼女はブラウスを剝ぎ取り、背中に回した手でブラジャーのホックをはずしました。

ぷるんと飛び出た白い乳房の、なんと愛らしかったことか。

お椀形で型崩れがなく、乳頭もピンク色。美しい円を描く乳丘に見とれていると、友希恵ちゃんは膝を立て、ヒップを打ちおろしてきました。

「あ、おおっ」

「はっ、はっ、いい、いいわぁ。光《み》っちゃんのおチ○チン、すごく気持ちいいところに当たるの！」

「ああ、俺も、俺も気持ちいいよ！」

「突いて、奥まで突いて！」

甘い声で懇願され、このまま射精したのでは男がすたると、私は下から腰をガンガンと突き上げました。

「は、ひぃぃっ！」

スリムな体が上下にバウンドし、結合部からぐっちゅぐっちゅと卑猥な音が絶えることなく洩れ聞こえました。

彼女をエクスタシーに導くまで我慢したかったのですが、あまりの快楽に耐えられず、大きな声で射精の瞬間を訴えたんです。

「あ、あ、もうイキそう……」

「私もイキそう……もうちょっと我慢して」

友希恵ちゃんはそう言いながら、さらに腰の打ち振りを速め、とろとろのマン肉で私のチ○ポを何度もこすり上げたんです。

「おおっ、イクッ、イクッ！」

「私もイッちゃう、イクッ、イクッ、イックぅぅン！」

ヒップが前後にスライドすると同時に膣内粘膜がペニスを引き締め、私は大量の精液を彼女の中に放出してしまいました。

こうして友希恵ちゃんと禁断の関係を結んでしまい「従姉弟同士って、結婚できるんだよね？」とまで言われ、私はすっかり舞い上がってしまったんです。

それからは恋人のような関係を続けていたのですが、一年も経たずに終わりを迎えることになりました。

友希恵ちゃんは友人の紹介で知り合った男性から「結婚を前提に交際してほしい」と言われ、その彼が転勤すると同時に会社を辞めてついていってしまったんです。

彼女がマンションから出ていく直前、恋人ができた話を聞かされたときはショックで、彼女の気持ちがまったくわかりませんでした。

よくよく考えれば、従姉弟同士の結婚は障害も多く、彼女は周りから祝福される結婚を選んだのだと思います。

専業主婦になった彼女はその後、二人の子どもに恵まれて幸福な結婚生活を送っています。彼女とのことは、いまでは甘ずっぱい思い出です。

〈第四章〉

愛しい父親との秘密の情交に溺れ

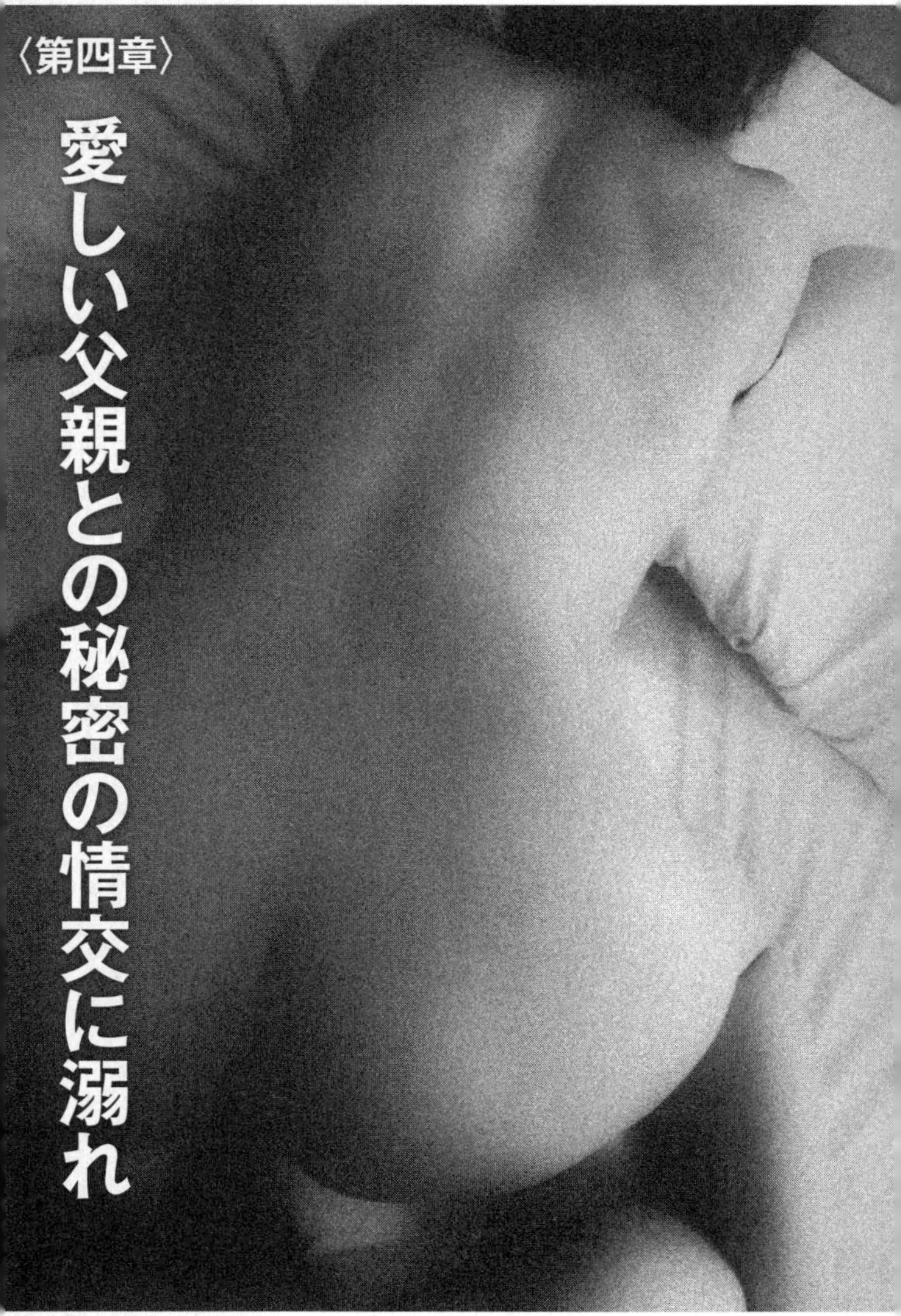

浮気をして家族を捨てた母の代わりに自ら父の新たな肉妻となった娘の献身

上島綾子　介護士　四十七歳

母が浮気をして家を出ていったとき、私はまだ中学三年生でした。世間はバブル景気の浮かれた雰囲気を色濃く残していて、突然に父と二人暮らしとなった私の家だけが、ポツンと暗く沈み込んでいるようでした。

母が父ではない誰かとどこかへ行ってしまったという事実は、私と父が捨てられたことを意味していました。私は深く傷ついていましたが、より深手を負ったのは、私ではなく父のほうだと直感していました。

当時、父は四十五歳で働き盛りの銀行員でした。「これから景気はどんどん悪くなるよ」と父が言うとき、私はとても心細い気持ちになりました。そして同時に、そういう黒い大きな波から父を守ってあげなければならないという、責任のようなものも感じていました。

父とは朝夕の食事をいっしょに摂《と》り、表向きは以前と変わらない日々を送っていましたが、お互いに母の話題だけは巧妙に避けていました。

でもそうすることで、心の傷が癒えることはありませんでした。むしろその傷はジュクジュクと化膿したようになり、かといってどうすることもできないまま、私たちは目に見えない重圧にただ耐えるしかありませんでした。

初めて父と夫婦のような関係になったのは、そんなある夜のことでした。

テレビでソウルオリンピックを観たあと、お風呂に入って床についた私が真夜中にふと目を覚ますと、いつからなのか布団の横に父が座っていて、私の顔をじっと見ていました。

初めは夢ではないかと思いました。部屋の明かりは消されたままでした。暗くて父の表情はわかりませんでしたが、凝視されている感覚はとてもなまなましく、それはまぎれもない現実なんだとわかりました。

長い時間が経《た》ったような気がしたとき、見つめられつづけている私は、父が私を通して母を見ているんだと、疑いようもなく理解しました。

怖さはまったくありませんでした。ただすべてを受け止めたいという気持ちだけが、潮が満ちるように大きくなってきました。

だから私は、父が心の奥底で求めているとおりに、父を布団の中へ導きました。

父はあらがうことなく私に並んで身を横たえました。そして片腕で私を抱き、ゆっくりと体重をかけないようにしながら、私の上にのしかかりました。私はただじっとしていました。

父に唇を吸われ、口の中に舌を入れられ、パジャマのボタンをはずされました。発育途上の乳房をもまれ、乳首をつままれると、私はショーツの中で自分がうるおっていくのを感じました。父は少し息を荒くしながら乳首を舐め吸い、ショーツの中に手を差し込んできました。

淡い陰毛をかき分けた指が、肉の裂け目にすうっと添わされました。ヌルヌルしているそこは、ジンジンと熱くほてっていました。

父は裂け目に沿って指先を上下させながら、ゆっくりと頭を布団にもぐらせていきました。そして私の肋骨やお腹、骨盤の張り出しに舌を這わせ、そうしながらショーツとパジャマを脱がせていきました。

私の下半身が丸裸になると、父は太ももの間に頭を割り込ませ、私のアソコを丹念に舐めてきました。まるで、犬が空になったエサ皿をねぶるような舐め方でした。私は「あっ……」と小さな声をあげました。

それまで味わったことのない刺激にとまどいながら、私はできるだけ体の力を抜いているように努めました。私にとって、性体験はまったく初めてのことでした。知識もありませんでしたが、そうしたほうがいいと本能でわかっていたのです。

やがて父が自分の着ている寝間着を脱ぎはじめました。暗がりの中、裸になった父のシルエットを私は見ました。そして両脚が左右へ大きく割り広げられていくとき、目を閉じてゆっくりと息を吐きました。アソコに熱いものが押し当てられ、鋭い痛みとともに父が中に入ってきました。

私はシーツをつかんで痛みに耐えました。そして「あっ、あっ」と切れぎれに声をあげながら、しばらく揺すられていました。それは永遠のような時間でした。

途中、父が私におおい被さってきて胸と胸を密着させた格好になると、温もりの中で身も心も父と一体になったような錯覚を覚えました。

私は下から父を抱き締め、そのまま頭の中を真っ白にしていきました。射精の瞬間のことは覚えていません。ただ、膣内で射精が行なわれたのではなかったようです。不意に嵐が過ぎ去ると、私はいつの間にか眠りに落ちていました。

朝になって目覚めたとき、私はきちんとショーツをはいてパジャマも身に着けた格好になっていました。たぶん自分で着たのだと思います。やっぱり夢だったのだろうかとも思いましたが、ショーツとシーツには、はっきりと破瓜の跡が残っていました。

　父と性行為に及んだことは、私にとってどこまでも自然なことでした。後悔する気持ちも罪悪感もまったくなく、暴力とも完全に無縁のことでした。それはむしろするべきこと、しなければならなかったことでした。

　お互いに慰《なぐさ》め合っていたのだと言えば、そういうところもあるのかもしれません。でも、そう言葉にしてしまうと、何かが違うような気もします。

　私たちは性行為をすることによって欠けたパーツを補い合う以前に、そうすることでしか乗り越えられない壁の前にいたのです。だからすべては必然で、必要だったという以外にないような気がします。

　父はその後も、週に一度ほどの間隔で私の部屋を訪れるようになりました。私はそのつど、父を布団に導きました。することはいつもだいたい同じでした。行為が終わると私はいつの間にか一人で寝ていて、起きるとふだんどおりに父といっしょに朝食を摂り、父が仕事に出かけたあとで学校に行っていました。

　初めのうち、私にとって父とのそうした営《いとな》みは、性欲を満たすものではありませんでした。性欲を意識したことすらありませんでした。それは日常に組み込まれた儀式のようなもの、強い信仰心を持つ人が定期的にする祈りのようなものでした。

でも高校生になったころから、私の体にはこれまでになかった感覚や疼きが宿るようになりました。日々、かなりのスピードで成長していく体は、私自身も気づかぬうちに大人のそれへと変わっていたのです。週に一度か二度、私ははっきりと快感を求めて、自分のほうから父の布団へもぐり込んでいくようになりました。

そのころになると、私にも性の知識がつき、好奇心からいろいろなことをしてみたいという欲求も生じていました。

学校の帰りに道端に成人雑誌が落ちているのを見つけ、周りに誰もいないことを確認してからサッと拾って帰ったこともありました。

ページをめくって丹念に写真や記事を見ていると、私の体は熱くなり、アソコは濡れて、すぐにでも性行為がしたくなりました。そういう中で自慰の仕方も学び取り、私はほとんど毎日のように、自分で自分を開発するようになりました。

父としていることが「近親相姦」というタブーであることをあらためて意識しながらも、フェラチオや、いろいろな体位でのやり方を、父との行為の中で確かめました。

エクスタシーの感覚を得るまでには少し時間がかかりましたが、一度その感覚をつかんでからは、父との性行為の中でもコンスタントに達することができるようになりました。

私が初めてフェラチオをしたとき、父は少し驚いた様子でしたが、アレは硬くみなぎっていました。母も以前は父に対してこういうことをしていたんだろうと思うと、もっともっと気持ちよくしてあげたいという思いが私の中に生まれました。

高校二年生のときに同い年の恋人ができ、その人とも性行為を繰り返すことになりました。彼は私が処女でなかったことにショックを受けたようで、男とつきあったことがあるのかと問い詰められて少し困りました。前の彼氏とはひと月くらいで別れたと嘘をつきましたが、そういう彼でしたから性行為のときは経験が浅いように演技をしなければなりませんでした。そのためなかなか満足には至らなくて、彼とのデートのあとに父と濃密な性行為にふけることもありました。

父は私に恋人ができても、嫉妬《しっと》したり束縛したりすることはありませんでした。むしろ遠慮して身を引こうとするところがあったので、私のほうが父を放さないようにしていました。

そのころ、景気は本格的に悪化しはじめていて、銀行員の父はとても忙しい毎日を送っていました。疲れて帰ってくる父を見ると癒してあげたいという思いが強くわきおこり、私はますます念入りに父を快感へ導くように努力しました。

ただ、このころから、父が体力的な衰えを見せはじめていたのも事実でした。

高校を出て地元の会社に就職した私は、出張で東京から来ていた系列会社の男性と知り合い、二十歳のときに遠距離恋愛を経て結婚しました。三人目の恋人でした。

私にとって、父のもとを離れて暮らすことはとても大きな決断でした。直前になって結婚を取りやめにしようかと真剣に悩んで、少し痩《や》せたほどでした。でも、このときばかりは、父が強い態度で私を送り出しました。

「お前は幸せにならなきゃいけないよ……」

そう言って背中を押してくれた父は、五十歳になっていました。

私は夫とともに東京で暮らすことになりました。そうなるとなかなか帰省できなくなり、父と会うのも年に数回程度になりました。結婚の二年後に阪神淡路大震災があり、いっそ父を東京に呼び寄せていっしょに暮らせないものかとやきもきしましたが、電話で父にその話をすると父のほうにはまったくその気がないようでした。

お盆やお正月、ゴールデンウィークなど長い休みがあるときには、夫とともに必ず帰省しました。父はそのたびに体が細く小さくなっているように見えました。

それも自然なことかもしれないと思いつつ、私の中には依然として込み上げてくるものがありました。

「お父さんは再婚しないの？」と聞いてみたこともあります。父が私の幸せを願ったように、私もまた父の幸せを願っていました。だからもし父に恋人ができて再婚するとなったら、そのときはもろ手を挙げて賛成したいと思っていたのです。

でも父は「俺はもういいんだよ。お前さえ元気で、こうしてたまに顔を見せてくれたら十分だ」と首を横に振るばかりでした。

夫に適当な嘘をついて一人帰省した私が再び父を求めたのは、結婚五年目の夏のことでした。そのころ、私は夫との営みにはっきりと不満を覚えていました。

夫の帰りが不自然に遅く、朝まで帰ってこないこともしばしばあり、営みの回数自体が少なくなっていました。

そのことは私に、母が家を出ていく直前の状況を思い出させました。夫はポケベルの呼び出しに応じることもめったになく、浮気を疑うと明らかに不機嫌になり、私と出会ったころのように、よく出張をして数日間家を空けていました。

私は夫の出張中に、彼の持ち物を入念に調べ上げました。決定的な証拠と呼べるものは出てきませんでしたが、二度ほど無言電話を受けました。私は、電話線の先に息を殺した女性がいることを直感しました。おそらく夫は出張した先々で浮気を繰り返し、そのうちの何人かと定期的に会って性行為をしていたのです。

思い返してみれば、私と知り合ったばかりのときも彼はかなり強引でした。しつこく飲みに誘ってきて、初めて飲みにいった日に性行為を求めてきました。

ベッドの中の彼はとてもアグレッシブで、むさぼるように私の体を味わいました。そこには父とする性行為とはまったく異なる刺激があり、若かったこともあって、私はつい夢中になりました。

一度関係を持つと日を置かずに何度も求められ、それを愛情と受け取った私は本気で彼を好きになり、父のために培《つちか》ったいろいろなテクニックを彼のために使いました。彼もそれを気に入り、そうして結婚を意識した遠距離恋愛が始まったのでした。

きっといまも、出張先で同じようなことをしているかもしれない。浮気に対して過敏にならざるを得ない私は、底なしの井戸の淵に立っているような不安を覚え、身も心も慰められる必要を感じました。

そして矢も楯もたまらず、一人で帰省することを決めたのです。

私の求めに対し、父は初めは拒否しようとし、アレも硬くなりませんでした。でも丹念にフェラチオしていると、徐々に大きくなってきました。

「徹《とおる》くんと何かあったのかい？」

しゃぶりつづける私の頭をなでながら父が聞いてきました。私は顔を上げて「浮気されてる……」とだけ言ってまたフェラチオに戻りました。父に対してそれ以上の説明はまったく必要ありませんでした。

部屋着の父は、ステテコにらくだのシャツという姿でした。私は帰ったままの服を着ていて、当時流行《はや》ったアムラーファッションを自分の年齢なりにアレンジした、少しセクシーな格好でした。

やがてアレを十分に硬くした父がミニスカートから伸びた私の脚をなで、もう一方の手でホルターネックのキャミソール越しに、乳房を柔らかくもんできました。忘れかけていたその優しい手つきは、私をたちまちトロトロにしてくれました。

乱暴で一方的な夫の愛撫とは違い、父のそれは私の中に点《とも》る小さな種火を徐々に大きくし、手際よく薪《まき》をくべ、私を隅々まで燃え上がらせてくれるものでした。

「ああっ……お父さん、気持ちいいよ……」

まだなでられているだけなのに全身に汗がにじみ、ショーツの中がヌルヌルとしていました。父の手がスカートの中に入り込み、薄いナイロンの上からアソコをなでると、私はそれだけで身をわななかせ、息を乱して父に口づけをせがみました。

無精ひげを生やした父の唇から舌が伸びて私の舌と絡み合い、同時にキャミソールの脇から胸元に手を差し込まれました。乳房を直接もみしだかれながらショーツの中にも手を入れられ、私はねだるように腰を動かしはじめていました。

私の体は中学生や高校生のときには知らなかった快楽をいくつも経験し、すっかり熟れて花開いていました。父にそれを悟られるのが恥ずかしくもあり、また逆にすべてを報告したい気持ちもあり、その複雑な心境のままに私は乱れました。

ショーツをおろされ、父の指がアソコの中に入ってくると、私はそれだけで最初の絶頂に達していました。キャミソールを脱がされて乳首を舐め吸われながら、私も父のらくだのシャツやステテコを脱がせていき、手や舌が届く限りの肌を愛撫しました。

やがて父の息も荒くなり、ともに全裸となった私たちは、シックスナインの格好でお互いの性器を舐め合っていました。

父の長い舌が性器だけでなく私の肛門にまで伸びてクルクルと動き、ときには中まで入ってきそうになるほど強く押しあてられました。夫は、けっしてそんなことはしてくれません。私は快感とうれしさのあまりにアレをしゃぶっていられなくなり、首を反らせて大きな声で喘ぎ悶《もだ》えました。

「ああっ、もっと舐めて……お父さん！　そこ気持ちいい……ああっ、いいのっ！」

私の骨盤が無意識にクイクイと傾いていました。父は肛門を舐めてくれながら指で膣内をまったりとかき回し、同時にクリトリスまで刺激してくれていました。

「イクッ……いくいく！」

私は二度目の絶頂に達し、不意にのけぞったあとでガクリと脱力しました。父はそんな私を、布団の上へあおむけに寝かせました。

「来て……お父さん……」

私は自分から脚を大きく開いて父を誘いました。父は私がバッグから出した避妊具をつけて、私の中に入ってきました。

なつかしい感触に貫かれ、私は腹筋をビクビクと波打たせました。やはり親子だからなのでしょうか、私は父ほど性器の相性のいい異性に、かつて会ったことがありませんでした。

抜き差しが始まると、私は「お父さん！　ああっ、お父さん！」と、身も世もなく声を張りあげ、両脚を父の胴に絡めて締めつけました。

父が前屈みになって私におおい被さり、胸と胸を合わせてキスをしてくれました。

こうしてお互いに溶け合うような一体感を覚える性行為は、父としかできないものでした。

私が陶酔の中でまた絶頂に達したあと、父は私をうつ伏せに寝かせて尻を上げさせ、今度は後ろから入ってきてくれました。さっきとは違う角度で奥を突かれ、私が髪を振り乱していると、後ろから上体を持ち上げられて背面座位の格好になりました。

後ろから父に抱きすくめられながら激しく突き上げられ、ほかの男性との交わりではけっして得ることのできない安心感の中、私は我を忘れてその快楽に溺れていきました。

父が後ろへ倒れていったのをきっかけに、つながった状態のまま私が体を反転させて騎乗位の体勢になりました。すっかり薄くなった父の胸板に手を当てた私は、腰を前後に揺するようにして膣内のアレをきつく摩擦しました。

「うおあぁっ、むふぅっ……」

父が筋肉を突っ張らせて快感をこらえていました。そうしながら私の乳房を下からもみすくい、足を踏ん張って突き上げてくれました。

体位のこうした変転は、私と父が性行為を続ける中で自然とでき上がってきた、いわば私たちのフルコースでした。ただ、老いの兆候の見えてきた父には、少しつらいものだったかもしれません。

「お父さん、無理しないでいいからね……」

私が言うと、父は「大丈夫だ」と短く答え、上体をグイッと起こしてきながら私を逆に押し倒し、そのまま正常位の格好になりました。これが私たちのフルコースのいつもの締めくくり方でした。

最後の正常位でみっちりと突かれ、立て続けの絶頂を味わった私は、両手両足で父をきつく抱き締めながら、膣奥に射精の脈動を受け入れました。

結婚して以降、こんなにも充実した性行為をしたのは初めてのことでした。気がつくと私は、わんわんと泣きながら父にしがみつき、父のものが柔らかくなって自然に抜けるまでそうしていました。

このときの父との性行為は、私の人生を決定づける大きなターニングポイントになりました。それほどに満ち足りていて、かつ絶対的に必要なものだったのです。

一泊だけしていったんは東京に帰った私でしたが、もう夫との元の生活に戻ることはないだろうという思いは、すでに確信を超えて決意にまでなっていました。私はその後、夫の仕事の状況いかんにかかわらず、父が体調を崩しがちになったからと嘘をついて、頻繁に帰省するようになりました。

私が家を空けがちになったことで夫は油断し、大胆になったのでしょう。あるとき、浮気相手を家に連れ込んでいる場面に私が遭遇し、女性と夫に慰謝料を求める長い調停を経て、私たちは正式に離婚することになりました。私が二十七歳のとき、ちょうどシドニーオリンピックのあった年のことでした。

そのころになると景気はようやく回復の兆しを見せはじめ、父はまた忙しくなっていましたが、一時期のような過度にストレスのたまる状況を脱して、肌の色艶《いろつや》もよくなっていました。

離婚してすぐに父のもとへ戻った私は、再び父と夫婦のように暮らしはじめ、そんな父を間近に見ながら平穏な毎日を送るようになりました。

父は六十歳で定年を迎えたあと、嘱託《しょくたく》社員として六十五歳まで働き、その後は悠々自適の隠居生活を送っています。

現在はもう喜寿《きじゅ》を迎えている父との営みはとうに絶えていますが、私はとても幸せです。父の最期を看取るまでは、誰とも交際するつもりはありません。それでいいと心から思いながら、自分をあらためて肯定する意味をこめて、この手記を書かせていただきました。

震災の恐怖と夫の不倫に混乱した私は娘婿と禁断の関係に堕ちてしまい……

中村寿子　無職　七十三歳

阪神大震災が起こったあのころ、私たち母娘は大阪に住んでいました。

私はまだ四十代。娘は大学のサークルで知り合った彼氏と結婚したばかりで、近所にアパートを借りていました。

一方で私と夫は離婚寸前でした。熟年離婚という言葉はまだありませんでしたが、夫の不倫騒動で裁判になり、私はそんな日々に疲弊していました。

夫はすでに家を出て愛人とアパート暮らし。私はまだローンの残る一戸建てに住んでいて、一人にしておけないと、娘は婿を連れてしょっちゅう泊まりにきてくれていました。

そんなときに地震は起こりました。明け方でした。前の晩に夫の愛人からいやがらせの電話があって、心かき乱された私はお酒を飲んで、そのまま寝入っていました。

夫を愛していたのかどうか、もう思い出せませんが、たぶん愛していたのでしょう。ほかの女に夫を奪われて、嫉妬《しっと》に苛《さいな》まれていました。生活不安ではなく恋愛の敗北者として、私は途方に暮れていたのだと思います。

私の家は、大きな被害のあった神戸にも近い地域だったので、地震の揺れはとても大きく、この世の終わりのような恐ろしさでした。私が寝入っていた食卓のあるダイニングキッチンのガラスコップや陶器の食器は、ほとんど全部床に落ちて割れました。ガッチャンガッチャン、それはそれは大騒ぎでした。

私は悲鳴をあげて飛び起き、娘の名前を叫びました。でも娘は折り悪く、仕事でファックスの送受信の用事があるとかで、前夜から自分たちのアパートに戻っていたのです。用事がすんだら戻るつもりで、娘婿はそのまま二階の娘の部屋で寝ていました。娘は用事が終わらなかったのか、あるいは疲れて戻る気をなくしたのか、とにかくそのときは家に私と娘婿しかいなかったのです。

起き出してきた義理の息子の姿を見て、私はうれしいやら怖いやらで、思わず駆け寄りました。

そのときに割れたコップを踏んづけてしまったようで、私の足の裏がざっくりと切れて、かなりたくさんの血が出ました。

娘婿は棚の奥から救急セットを引っぱり出して手当てしてくれました。その間にテレビの情報で、兵庫県から淡路島にかけて大きな地震があったことも知れました。私が住む大阪北部も被害はありましたが、自宅にはコップや食器以外にはたいした実害のなかったことも確認できて、少しホッとしました。

義理の息子は、娘とも電話が繋がり、お互いの無事が確認できたので、もう一度寝ると言って娘の部屋に引き上げてしまい、私はリビングに一人取り残されてテレビを眺めていました。

夫と愛人はどうなっただろう？　ふとそんなことを思いました。死ねばいいのにと乱暴な考えも頭を過《よぎ》りました。あるいは、夫が私や娘を心配して電話をかけてくるかもと期待しましたが、そういうことはありませんでした。

私は一人でいるのが耐えられなくなって、義理の息子が眠る娘の部屋に行きました。

「しばらくここにいてもいい？」

寝入りばなだった娘婿は不機嫌そうでしたが、断りませんでした。

そのときすでに、私の性器が愛液をたたえて下着を濡らしていたことを告白しなければなりません。

地震のショックでアソコを濡らすなんて、そんな不謹慎なことがあるものかとも思いますが、前夜の愛人とのやり取りで傷ついたことや、コップで足の裏を怪我したことも影響していたのでしょう。実は娘婿に手当てしてもらいながら、触れる手指に性的な興奮を感じてもいたのです。

「いまだけ、私を娘みたいに抱き締めてくれない？」

部屋には娘の子ども時代からの、いろいろなガラクタがそのままにしてあります。そんな物々を眺めながら、私は小声で言いました。

娘婿は断りませんでした。ベッドから起き上がると、背後から私を優しく抱き締めてくれました。

「あれだけの地震でしたから、そりゃ怖いですよね」

「ええ、まだ体の震えが止まらないの……」

娘婿に抱き締められ、私からも抱きつきました。肉体の密着に反応して、また愛液がにじみ出すのが自覚できました。

「やっぱり、母娘ですね」

娘婿の言葉に私は首を傾げました。

「匂いというか、骨格もあるのかな？　とにかく、抱き心地が妻とそっくりです。まるでほんとうに妻を抱き締めているみたいです」

私はさらに体を密着させてすがりつきました。もう少しの間こうしていられたら、体の疼きもおさまるでしょうし、地震の恐怖も怪我の興奮も薄れ、愛人の暴言も忘れて、もう一度眠れるはずだと思っていました。

でも娘婿は、半歩下がって私から体を離そうとするのでした。

「あ、あの、ちょっと待ってください。それはまずいです」

「どうして？　何がまずいの？　もうちょっとだけこうしてくれていたら、それで満足なのに。それだけでいいのに……」

私は引き離されまいとさらにすがりつこうとしました。そして、そのことに気づきました。

「いや、ぼくのほうが、それだけじゃすまなくなりそうなんで……」

そうです。娘婿は勃起していたのです。下半身のその部分が起き上がって、スウェットのズボンを突き上げていました。

かわいい。そう思いました。スウェットの布地を精いっぱいに持ち上げて勃起する義理の息子のペニス。

「ねえ、これ、こんなにパンパンになってたら、痛いんじゃないの？」

「それは、まあ、そうですけど……」

私は思わず、口ごもる娘婿の股間に手を伸ばしました。

「あ、それはダメです！」

腰を引く娘婿でしたが、私はしっかりとその部分を握って放しませんでした。

「ねえ、私が出してあげようか？　そうすれば気がすむものなんじゃないの？」

私はスウェットの布地越しに、勃起したペニスをなでさすりながら言いました。

「いや、それはさすがにまずいでしょう。そんなのダメですよ……」

私は、スウェットの中に手を差し入れて、トランクスの間から、直接ペニスに触れました。

手指に触れる肉の感触に胸が熱くなりました。胸の熱はすぐ下へと移動し、下腹部を熱くさせました。子宮がジンジンと熱を持って疼き、また愛液がにじみ出しました。

「ね、いいから、私に出させて。出してあげたいの……」

私はその場に跪《ひざまず》いて、勢いよく娘婿のスウェットをトランクスごとずり下げました。

ぴょこんと、起き上がりこぼしのような滑稽《こっけい》さでペニスが現れました。

私は茎の部分に指を絡めて優しくしごきました。愛おしさに頬ずりし、唇をすぼめて先端にチュッとキスしました。

「あ、ほんとうに、まずいです……」

頭上から娘婿が言いましたが、私は聞く耳を持たずに、そのまま張り詰めた亀頭に舌を這わせ、口を開けてがっぷりと咥え込みました。

「ああ！」

切なげな娘婿のため息を、頭上に聞きました。

「気持ちいいでしょ？　もっと気持ちよくなっていいんだからね」

でも娘婿は、まだ快感に身をまかせるのに抵抗があるようでした。

「ぼくは、妻を裏切りたくないんです。お義母さんだって、夫に浮気された妻の哀しみを知らないわけがないでしょう？　娘が同じ目にあっても平気なんですか？」

私は首を横に振りました。

「同じじゃないよ。これは裏切りじゃないし、浮気じゃない。どうせ娘の半分は私の遺伝子でできているんだから。半分は同じなんだから。あなたは私を娘だと思ってくれたらいいの。それで残りの半分も帳消しよ……」

私はフェラチオを再開し、娘婿も納得したのか観念したのか、それ以上は抵抗しませんでした。私の口の中で、ペニスがぐっと硬さを増し、ひと回り大きくなりました。

「ああ、んあぁあ、んんん……」

私は口いっぱいにペニスを頬張りながら、喘ぎ声が洩れるのを我慢することができませんでした。

どうやら口の中にも、性感帯はあるようでした。その気持ちよさは子宮を疼かせ、とめどなく愛液を溢れさせました。

私はスカートの中に手を差し入れ、自分の股間をいじらずにはいられませんでした。それから下着の股布をめくって、おもらししたみたいにびしょびしょのそこを指で刺激しました。愛液が指を伝って滴《したた》り、娘の部屋の絨毯にシミを作りました。

「お義母《かあ》さん、代わりましょうか？」

娘婿が見かねてそう言いました。

「アソコ、舐めてくれるの？」

娘婿はうなずき、私をベッドに腰かけさせました。スカートは大きくめくり上げられ、パンティを脱がされ、M字に開脚させられました。

もうさえぎるものは何もありません。私のアソコが、義理の息子の目の前に無防備にさらされました。

「恥ずかしい……」

思わず沸き起こる羞恥心に、私は膝頭を閉じようとしましたが、娘婿は両手で押さえてそれを許しませんでした。

「いまさら、そんなこと言わないでください。見せてくださいよ」

娘婿はそう言うと、窓から差し込む早朝の朝日に照らされる私の女性器を、まじまじと見つめました。

「ここも母娘そっくりですね……びらびらの形も、毛の生え方まで似ています」

娘婿はそう言うと、いつも娘にそうしているんだろうと思わせるような優しさで、アソコに口づけしました。

「あああ！」

思わず大きな声が出てしまうくらいの気持ちよさでした。快感は女陰を起点に背筋を駆け上り、脳天にまで響きました。

「ひぃ！　ああ！　き、気持ちいい！　気持ちいいよう！」

股間に顔を埋《うず》めてアソコにむしゃぶりつく娘婿が、舌先で大陰唇をいじり、クリトリスに吸いつきました。

「ああ、そこ、ダメ、感じすぎちゃう！」

容赦なく性器が責め立てられます。ちゅうちゅうと音を立てて吸いつかれ、口の中に含まれた状態のクリトリスが、舌先でレロレロといじられました。

「ああ、気持ちいい！　それ、すごい……」

このまま、絶頂まで追いやられてしまうのではないかという勢いのクンニリングスでした。

「味も、匂いもそっくりです。妻のアソコと同じ味です。それに、感じ方もよく似ていますね」

娘婿はそう言って、さらに執拗《しつよう》にクンニリングスを続けました。

「いつも、あの子にも、こんなふうに感じさせてるの？」

「そうですね。お義母さんは舐められるのは嫌いですか？」

「ううん、そんなことない。けど、恥ずかしい……」

娘婿は膣口をなぞるようにして、すくい取った愛液を指先になじませると、そのまま挿入してきました。けっして細くはないその指先が、ほとんど抵抗なく、ヌルンと膣内に侵入してきました。

「ああ、あああ！」

クリトリスへの吸いつき愛撫が再開され、膣内の指が連動するように、奥へ奥へと挿し込まれました。

そういえば、膣内に生理用品以外の異物を迎え入れるのは、どのくらいぶりだったでしょうか。夫と最後に抱き合ったのはいつだったでしょうか。いつだったにせよ、もう思い出せないくらいのことでした。

セックスレスは罪悪です。私の肉体から、私の人生から、この感覚、この快感を奪い去るなんて。そんなひどい話ってないじゃないですか。

「ああ、うれしい！　気持ちいい！」

太い指がさらに奥へと向かいます。膣内の最奥部、子宮の入り口あたりまで届きました。

そこから入り口に少し戻って、上というか前というか、恥骨の裏側あたり。いちばん敏感なところを指先が激しくかきむしります。

「あ、そこ、弱い……そこ、イイ！　そこ、すごいの！」

娘婿は娘の体と同じように、私の肉体にも精通しているようでした。私の性感帯を熟知している義理の息子は、容赦なく性器を責め立て、私は快楽の渦に呑み込まれて翻弄《ほんろう》されるしかありませんでした。

絶頂がすぐ目の前にありました。膣内を指でピストンされ、一方でクリトリスを舌先で弄《もてあそ》ばれて、私の快感は青天井でした。

「ねえ、ダメ……もう、イッちゃう、イッちゃいそうなの！」

股ぐらに娘婿の顔があり、目が合いました。

アソコを舐めしゃぶられながら目を合わせるのは、とても気まずいことでした。そして彼の目が細められました。こちらに笑顔を向けているのです。いつでもイッていいという意味でした。

同時に指と舌に、いっそうの熱が込められました。

びくびくと私の体は痙攣し、腰が跳ねるのを止められませんでした。恥骨が彼の鼻面にぶつかります。

娘婿の顔にアソコを押しつけるなんて、とんでもないことでした。申し訳なく思いましたが、痙攣は止められません。

でも娘婿は臆することなく、私の腰を力強い腕で抱え込み、痙攣を抑え込みながら、さらに激しい愛撫を繰り出しました。

「ああ！　あ、イク、イク、イク！　あ、イッちゃう！」

私の背筋がピンと伸び、八の字に開いた両脚も指先まで芯が通ったみたいに伸びきりました。がくがくぶるぶると筋肉が細かく痙攣します。

「ああっ！」

そのまま、気を失ってしまうのではないかと思うくらいの激しい絶頂でした。

やがて私の全身から力が抜け、がっくりと脱力しました。今度はいっさいの力が入らなくなり、ただベッドに寝そべったまま指一本動かせない状態で、はあはあと荒い呼吸を続けているしかありませんでした。

でも、そのまま安穏と寝ているわけにはいきません。娘婿がベッドわきに立ち上がり、スウェットを脱ぎ捨てました。逞しい裸身が露《あらわ》になります。

まるでギリシャ彫刻のような、若く筋肉質で立派な体でした。そしてその中心には、神がかった力強さでペニスが勃起していました。

ベッドに寝そべり下から見上げると、それはずっと雄々しく、狂暴な印象でした。

「来て……入れて！　好きにして！」

ああ、これが私の中に入ってくるんだ。入れてもらえるんだ。私は涙ぐみながら、惚《ほ》れぼれとするようなペニスから目が離せませんでした。

「泣いてるんですか？　どうして？」

そう問われても答えられません。私は首を横に振りました。しいて言うなら興奮の涙でしょうか。娘婿もそれ以上は聞かず、私に優しくおおいかぶさってきました。

いよいよ、挿入です。亀頭の先端が膣口に押し当てられます。どきどきと高鳴る胸の鼓動は、まるで初心《うぶ》な女学生のようだと、自分でもおかしく思いました。

どろどろに濡れまくった私の陰唇は、充血してパンパンに膨張し、どんな筋肉よりも硬くなった亀頭に、やすやすと突破されました。

ずぶずぶと泥沼に突っ込まれる棒杭のように、義理の息子のペニスが、私の膣内を奥へ奥へと向かいます。

指の挿入であれだけ感じて絶頂にまで達した私でしたが、その快感が帳消しになるくらいの凄まじい快楽がありました。

「ひぃいいい！」

私は悲鳴のような喘ぎ声を抑えられませんでした。地震に驚いたときの悲鳴よりも、足の裏を割れたガラスで切ってしまったときの悲鳴よりも大きな悲鳴でした。

膣内の敏感な肉を貫いて、亀頭の先端は膣内のいちばん奥に届きました。

「深い、奥に当たってる……アソコの中、おち○ちんでいっぱいなの！」

娘婿が腰を引き、今度は逆向きに膣内の肉がこすられます。それこそ、ペニスの真骨頂でした。

パンパンに張り詰めた亀頭の傘が、膣内の敏感な襞をこすり立てるのです。それは、ほかの雄の精液をかき出す役割を果たしているようでもあり、同時に膣の内壁の奥にある性感神経を激しく掘り起こすのです。

「ああ、すごい！　すごいの、感じちゃう……気持ちいい！」

再び娘婿が腰を突き入れて、最奥部を中心に衝撃を受けます。そしてまた腰が引かれて肉襞が削られます。まさに男のピストンです。俎板《まないた》の鯉どころではありません。さばかれた魚の内臓がかき出されるような感覚でした。

そして、ピストンが繰り返されるたびに、快感がどんどん増していきました。

「ああ、ダメ……すごい、すごすぎ！　こんなに気持ちよくて、どうなっちゃうの？　私、どうなっちゃうの？　ねえ、すごいの……怖い、怖いの！」

大粒の涙をぽろぽろ溢れさせて、私は泣き出していました。大声で泣き喚《わめ》き、喘ぎながら、びくびくと全身を痙攣させていたのです。

娘婿はそんな私の体を力強くがっちりと押さえ込み、キスの嵐で唇を塞《ふさ》ぎ、頬の涙を舐め取りました。

「ああ、うれしい……」

それで私はやっと落ち着くことができたようです。娘婿が優しくピストンを再開しました。そして深々とペニスを挿し込んだままで身を起こしました。私の尻に手を回して腰ごと抱え込みます。

私の体は軽々と持ち上げられて、胡坐《あぐら》をかいた彼の上に乗る格好になりました。

自由になった私の腰が、勝手に動きはじめました。ぐるんぐるんと円を描くように尻を回し、同時に上下にも激しくピストンしてしまうのでした。

「ああ、これもイイ、気持ちいい！　ああ、ダメ、腰が勝手に動いちゃう！　止められないの……恥ずかしい！」

私は羞恥のあまり顔をそむけましたが、娘婿は許してくれませんでした。私の顎をつかんで自分のほうに顔を向けさせ、乱暴にキスしてきました。

「ああ、むむぅう！」

夢のようなキスでした。ちゅうちゅうと音を立てて私の唾液が吸われ、彼の唾液が私の口の中に注がれました。

娘はほんとうにいい相手を選んだんだなと、うれしく思いました。それと同時に、軽い嫉妬もありました。

「ああ、ほんとうに気持ちいい！　セックスって、こんなにいいものなんだね……」

娘婿は笑顔でうなずくと、今度は私の乳房をもみしだき、乳首に吸いつきました。

「はぁああん！」

それもまた、私をとろけさせる気持ちよさでした。乳首に受ける刺激が、膣内の性感と相まって相乗効果のように私を夢中にさせました。

私は快楽をむさぼる餓鬼のように、さらに尻を振り立てました。どこをどうこすれば気持ちいいか、頭で忘れていても肉体が覚えているようでした。

「ああ！　また、イッちゃう！　すごいの来ちゃう！　ああ！」

絶頂はもう目の前でした。私は恥も外聞もなく尻を振り立てました。

「ぼくも、イキます……いっしょにイキましょう！」

娘婿が私の尻振りダンスにタイミングを合わせて、下から激しく突き上げます。

「あああっ！」

どぱっと亀頭が破裂しました。同時に大量の精液が私の膣内に溢れます。ほんとうに濃くて熱い精液でした。娘婿の射精を膣内に感じながら、私も絶頂に達しました。

義理の息子との行為は、人生の中で経験したどのセックスよりもすばらしい最高の体験でしたが、その後は繰り返されることがなく、一度きりのことでした。

あれから四半世紀も経ちますが、後の私の人生に特筆すべきことは何もありません。

離婚が成立し、夫は愛人と再婚して子どもを作ったようです。

娘夫婦は転勤を機に地方へ行き、そこで永住するつもりのようで、家を買いました。

娘夫婦に子どもが生まれ、私にとっては孫ができました。

私はいまも同じ家に住んでいて、一人でひっそりと生きています。

数年前に、仕事を引退した夫の退職金から、まとまったお金が振り込まれました。

離婚裁判のときの約束が果たされたのです。

悠々自適とまでは言いませんが、死ぬまではこのまま生きていけそうです。

そして、そんな私が日々思い出すのは、あの地震の明け方に娘婿と体を合わせた、最高の快楽の記憶なのです。

ダイヤルQ2でストレス発散する私に麗しの叔母さんが淫らな肉体指導！

大村利明　会社員　四十九歳

あれは私が、浪人生だったころの話です。

ちょうど三十年前の一九九〇年、私は大学受験に失敗し予備校に通っていました。二浪だけは避けるために勉強漬けになり、予備校と家を往復するだけの毎日でした。家でも夜中まで机に向かい、どこかへ遊びにいくことさえありませんでした。

そうした生活を送っていれば、当然ストレスも溜まってきます。そしてストレスだけでなく、勉強の邪魔をする性欲も悩みの種でした。

それらを解消するため私がはまっていたのが、ダイヤルQ2でした。

0990から始まる番号に電話をかけると、有料情報サービスが提供されるといったものでしたが、そのなかの成人向けコンテンツで女性のアダルトなメッセージなどを聞くことができて、当時大流行したサービスです。誰でも簡単に利用できるので社会問題にもなりました。

女性の喘ぎ声や、男を誘惑する色っぽいメッセージを聞くために、私は家族がいない時間に何度もダイヤルQ2に電話をしていました。

なにしろ勉強ばかりで、女性と縁のない生活を送っていた浪人生です。録音の音声とはいえ、女性のエッチな声が聞けるだけで大興奮でした。

ところがあまりに電話代が高額になってしまったため、あっさりと親にバレてしまったのです。

事情を知った母にはたっぷり叱られました。もちろんダイヤルQ2は使用禁止です。

私はおとなしく母の言いつけに従い、また勉強漬けの毎日に戻りました。

ところがある夏の日のことでした。予備校が休みの日で、私が家で勉強をしていると、近所に住む美幸《みゆき》叔母さんが訪ねてきたのです。

しばらく母と居間で過ごしていた叔母は、二階にある私の部屋にもやってきました。

「こんにちは、利明《としあき》くん。久しぶり、元気だった?」

叔母の顔を見るのは久しぶりでした。明るい色のワンピースを着て、笑顔で手を振っています。

叔母は小さいころに、私をとてもかわいがってくれた女性です。もう結婚して四十一歳になっていましたが、三十代前半と言っても十分通用する若々しさを保っていました。

実は叔母には淡い恋心を抱いた時期があり、それぐらい魅力的な女性でした。

それだけに、次に出てきた言葉に、私は心臓が止まりそうになりました。

「聞いたわよ、ダイヤルQ2なんか使って、お母さんに叱られたんだって？」

よりによって、最も聞かれたくない相手に母がしゃべってしまったのです。

ニヤニヤと笑っている叔母に、私はたまらなく恥ずかしくなりました。

「いいだろ、そんなこと……勉強の邪魔だから出ていってよ」

恥ずかしさを隠すため、わざと邪険に言いました。みっともなくてこれ以上は顔も見られたくなかったのです。

しかし叔母は、部屋に居座ったまま出ていこうとはしません。勉強机の後ろにあるベッドに腰かけ、私の背中に向かってしゃべりつづけました。

「バカねぇ。私にお願いすれば、エッチな声なんかいつでも聞かせてあげるのに」

「冗談言わないでよ。美幸さんのそんな声なんか聞きたくもないよ！」

「あら、そう？」

そう言うと、叔母は甘い声で「あぁ～ん」と喘いでみせたのです。

「どう、いまの声。けっこう色っぽかったでしょう？」

得意げに言う叔母は、さらに喘ぎ声を続けました。

「あぁん、ダメぇ、いやぁん、ああんっ……利明くん、それ以上は許してぇ」

私は悪ふざけをする叔母を、ひたすら無視しました。

しかしダイヤルQ2のテープ音声とは違い、すぐ近くから聞かされる生の声は刺激的でした。叔母をオカズにしてオナニーしたことも何度もあるだけに、机の下では勃起していました。

それを隠して机に向かっていると、いつの間にか叔母が私のすぐ真後ろに近づいていました。

「ねぇ、利明くん……あなたのこと、すごく心配してるのよ」

さっきまでとは違い、真剣な声で耳元に語りかけてきます。

「ずっと勉強ばかりで、ろくに息抜きもしてないでしょう？　久しぶりに見て、だいぶ顔色も悪く見えるわ。がんばるのもいいけど、あまりやりすぎるのは体に毒よ」

どうやら叔母は、本気で私を心配してくれているようです。だからこそあんな声まで出して、勉強疲れをしている私をリラックスさせたかったのでしょう。

叔母の心づかいに気づいた私は、わざわざ声をかけにきてくれたことをありがたく感じました。

「だいじょうぶ、心配いらないよ。ちゃんと勉強以外のことも考えてるから」

ところが私がそう言うと、突然叔母は私の下半身に手を伸ばしてきたのです。

「あっ！　ちょ、ちょっと待ってよ！」

あわてて私が手を止めようとしても、叔母はまったくおかまいなしです。

とうとう机の下に手が忍び込み、勃起した股間を探り当てられてしまいました。

「あら、おち○ちんがこんなに元気になってる！」

叔母は股間のふくらみをまさぐりながら、私の耳元でささやきかけてきます。

私はどうしていいのかわからなくなりました。悪ふざけにしてはさすがにやりすぎだと思いつつ、このまま何もせずに叔母の好きにさせておきたい気持ちもあります。

私がうつむいて黙っていると、叔母はズボンを脱がせはじめました。

「おとなしくしてて……いまから私が、いいことしてあげるから」

そう言われては逆らえません。下着を引っぱられ、ペニスをつまみ出されても、されるがままでした。

「あら、やだっ！　こんなになっちゃうの!?」

ぴょこっと飛び出したペニスが、あまりにギンギンだったので叔母も驚いています。

そのころの私は、毎日のようにオナニーをしていました。精力が有り余っているうえに、叔母に見られたのでよけいに元気だったのです。

「これをいつも、手でシコシコしてるの？」

「う……うん」

私がためらいがちに返事をすると、叔母は優しくペニスを握ってきました。

「こうすればいいのね？」

その言葉を合図に、ゆっくりと手が動きはじめます。

ようやく私も気づきました。叔母はただ私と話すために部屋に来たのではありません。こうして、私の性処理も手伝ってやるつもりだったのです。

もちろん、こんな心づかいなら大歓迎でした。私はイスに座ったまま、喜んで叔母の手に身をまかせました。

「あらあら、そんなに気持ちいいの？」

叔母は手を動かしながら、私に優しく語りかけてきます。

しかし私が自分でしているオナニーとは、手の動くスピードも、握る強さもまったく違います。

それに、ふだんよりも緊張していたせいでしょうか。せっかく叔母にペニスをしごいてもらっているのに、なかなか射精しませんでした。

「おかしいわねぇ……そろそろ出てもいいころなのに」

叔母は亀頭を軽くこすったり、皮の裏側にも指で刺激を与えたりと、いろんな手を使ってきました。

それでも私が射精しないので、じれったくなったようです。

「しょうがないわねぇ……じゃあ、これならどう?」

そう言うと私の足元に屈み込み、おもむろにペニスを口に含んだのです。

「ううっ!」

思いがけない行動と、沸き上がってくる快感に、私はうめき声をあげました。

叔母の口にはたっぷり唾液が溜まっています。唇がすぼまると、口の中もキュッと狭くなりました。おまけに亀頭に絡みついてくる舌の気持ちよさときたら、思わず身震いがしそうでした。

フェラチオという言葉を知ってはいたものの、叔母にしてもらえるなんて夢のような話です。実際にこれは夢ではないかと、自分を疑いたくなりました。

「ンンッ、ンフッ……」

叔母は色っぽく息を吐き出しながら、私の股間で頭を動かしつづけています。

口でペニスを愛撫してもらうのは、手でしてもらうのとは比べ物になりませんでした。私は快感にひたりながら、叔母の顔を見つめていました。

「どう……そろそろ出そう?」

「うん、でも……」

叔母が口を離して聞いてきたとき、私はわざと不満げに言いました。

ほんとうはとても気持ちよくて、すぐにでもイキそうでした。しかし心の中では、こうも思っていたのです。

フェラチオまでしてくれたのだから、我慢していればもっとすごいこともしてくれるかもしれない。期待していたのは、もちろんセックスです。

しかし叔母はそんな私の悪巧みなど、とっくにお見通しでした。

「そんなに無理に我慢しなくてもいいのよ。あなたが何を考えているかなんて、ちゃんとわかってるんだから」

叔母はちょっとあきれたように言いました。私がセックスをしたがっていることは、口には出さなくても顔に出ていたようです。

もしかして叔母を怒らせてしまったのではないか。そう不安になりましたが、まったく逆でした。

叔母は立ち上がると、おもむろにワンピースを脱ぎはじめたのです。

「心配しなくてもいいから……利明くんがスッキリできるように、ちゃんと最後までしてあげる」

まさか、ほんとうに夢がかなうなんて信じられませんでした。いつか叔母に童貞を奪ってもらいたい、そんな妄想をどれだけしてきたかわかりません。

「あっ、でも私もおばさんだから。あんまり体には期待しないでね」

脱ぎかけの体でそう言われましたが、期待しないわけがありません。

ワンピースの下は、ブラジャーとショーツのみでした。どちらも白い清楚な色で、とても似合っています。

叔母の体つきは、ややお尻が大きめで全体的にむっちりしていました。

背中に手を回してブラジャーをはずすと、こちらも大きめの胸が揺れながらこぼれ落ちてきました。

巨乳という言葉が出回りはじめていましたが、まさにそのタイプです。ふくよかな胸のふくらみと薄茶色の乳首を目にした私は、興奮を隠せませんでした。

「ごめんね……こんな垂れかかったおっぱいで。もうちょっと若ければ、見せても恥ずかしくなかったんだけど」

叔母が気にしていたように、胸のふくらみは少し形が崩れかかっています。それだけ大きいサイズだということなので仕方ありません。

しかし私は、まったく気にならないどころか、すぐにでも胸に顔を埋《うず》めてみたくなり、叔母がショーツを脱ぐのを待たずに体にしがみついていました。

「あらあら、そんなに甘えて」

まるで赤ん坊をあやすみたいに、叔母は私の頭を抱きかかえてくれました。

叔母の肌は温かくて、とても甘い匂いがします。それ以上に、顔を埋めた胸のやわらかさに私は心を奪われました。

さっそく乳首にチュッチュッと吸いつき、舌で舐め回します。

「ふふっ……あんまり強くしないで、優しくしてね」

叔母はくすぐったそうでしたが、私はかまわずに乳首を吸いつづけました。

しばらくすると、叔母も私の背中や首筋をなではじめました。少しずつ息が乱れ、自分から胸を私の顔に押しつけてきます。

「ああんっ」

乳首を強く吸ったときに、叔母の口から小さく喘ぎ声が洩れました。

さっき聞かせてもらった演技の声とは違います。私はそれを聞いて、ますます興奮しました。

「待って……そんなに吸われたら、おっぱいがジンジンしちゃう」

そう言いつつ、本気で止めようとはしません。吸われている乳首も明らかに勃起していました。

たっぷり乳首を味わってから、私は叔母の下半身に目を向けました。

最後に残ったショーツを脱いでもらうのを待っていると、叔母はベッドに横たわって私に手招きをしました。

「これ、利明くんが脱がせてみて」

そう言われ、私は恐るおそる下着に手を伸ばしました。薄い布をゆっくりと引きおろすと、叔母も腰を浮かせて協力してくれました。

ふっくらしたお腹の下に、濃い陰毛が広がっています。私の目は、そこにある割れ目に釘づけになりました。

正直なところ、こんなに複雑で変わった形をしているのかという印象です。

大きなビラビラと、豆粒のようなクリトリスが顔を出しています。その奥に見える穴がやけにぬらついていて、ここがペニスを挿入する場所だとわかりました。

まじまじと股間に見とれている私に、叔母は「ベッドに横になって」と言いました。

私が言われたとおりにすると、叔母が上から体を跨《また》いで、反対向きに重なってきました。互いの股間に顔を近づけ合うかたちです。

「こうやって大人の人は愛し合うのよ。利明くんも、私のあそこを舐めてみて」

叔母は私に、シックスナインを教えてくれました。

まず叔母がペニスを口に含み、私の顔に上からお尻を落としてきます。そうするとすぐ目の前に、大きなお尻と広がった割れ目が迫ってきて、ものすごい迫力でした。

再びペニスが快感に包まれると、私も叔母の股間にむしゃぶりつきました。

両手でお尻をさわりながら、ビラビラの奥を必死に舐めます。舌が届く範囲はどこでも舐めてやろうと、手当たり次第にいろんな場所に舌をこすりつけました。

「ンンッ、あんっ……あっ」

ときおり叔母は、ペニスを咥えたまま喘ぎ声を出しました。息苦しそうにしつつ、ペニスを口から離そうとはしません。

私の頭の中は、興奮と快感が混ざり合ってパニック状態です。

ただでさえ早くセックスをしたくてたまらないのに、叔母はなかなかそれを許してはくれません。ペニスを舐めることに夢中になっていて、お尻を引き上げてくれないのです。

私も意地になって舌を動かしつづけました。舐めているとさらにぬらつきが増し、穴がヒクヒクとふるえていました。

「ああ、もう……早くセックスさせてよ、頼むから」

とうとう私は根負けして、叔母にそうお願いをしました。

するとようやく叔母は顔を上げ、口の中からペニスを解放してくれました。

「まだちょっとしか舐めてないじゃない」

「もう我慢できないんだよ」

子どものように駄々をこねる私に、叔母も苦笑いをしています。

「しょうがないわねぇ……でもこれ一回限りよ。ほんとうはこんなこと、しちゃいけないんだから」

そう言っているわりには、どこか叔母もうれしそうな顔をしていました。

ベッドに横たわっている私の上に、叔母が腰を跨いできました。そのまま今度は顔の上ではなく、下半身に腰をおろしてきます。

「動かないで、じっとしててね……すぐに気持ちよくなってくるから」

私の期待を煽《あお》るように叔母は言いながら、ペニスをつかんで自分の股間にこすりつけました。

ぬるぬると亀頭が濡れてくると、ゆっくりとペニスが呑み込まれていきます。

私は思わず天井を見上げながら「ううっ」と声をあげました。

叔母のあそこの中はとても熱くて、奥まで濡れていました。これまでに経験したことのない、ねっとりと締めつけられる感触です。

私とひとつにつながった叔母は、これが騎乗位だと教えてくれました。

「こうやって、私が上になって動くのよ。利明くんは何もしなくてもいいから」

「う、うん……」

下になっている私は、返事も上の空でした。

念願のセックスを体験できた興奮と、あまりの気持ちよさに、心臓がバクバクしています。

しかも叔母のあそこの中は、細かいザラつきまであってキュッと吸いついてきます。

それをペニス全体で感じていました。

「あっ、待って！」

私がそう言っても、叔母は腰を動かしはじめていました。ゆったりしたスピードでお尻が上下にくねりつづけています。

「あっ、ああんっ」

叔母が喘ぎ声を出したとき、私はすさまじい快感に呑み込まれました。ペニスを抜く暇もありません。ほんの数回のピストンだけで、あっという間に射精してしまったのです。

「あら、もう出ちゃったの?」

「うん……」

腰を止めた叔母に聞かれ、私はあまりに早すぎて恥ずかしくなりました。

それだけ叔母のあそこは気持ちよくて、射精の瞬間は目の前が真っ白になりそうでした。私の童貞喪失は、時間にして一分もかからない短いものでした。

しかし叔母は私を責めるどころか、つながったまま優しくキスをしてくれました。

「いいのよ、気にしなくても……初めてなんだからこんなものよ」

そう慰《なぐさ》めてくれている間も、あそこの中がうねうねとペニスを呑み込んでいます。

しばらく私たちは体を重ねたまま、舌と舌を絡みつかせていました。そうすると叔母の中で、再びムクムクと勃起してきたのです。

「やだ、また元気になってきちゃった! なんにもしてないのに……」

叔母は、こうなるのがわかっていたかのように笑っていました。

私もこれまで一日に数回オナニーをしたことはありますが、こんなに早く回復したのは初めてでした。

こうなると当然、名誉挽回のチャンスです。今度こそはすぐに射精しないよう肝に銘じ、自分から腰を突き上げました。

「もう二回目を始めるの？　すごいスタミナね」

下から腰を抱えながら、下半身だけを使ってペニスを動かします。しかし叔母の大きなお尻の下ではなかなかうまくできません。

そこで体の位置を入れ替えてもらい、私が上になりました。

射精したばかりの叔母のあそこの中は、精子でいっぱいです。そこへあらためてペニスを押し込み、グイグイと目いっぱい動いてやりました。

「んっ、あっ……そう、もっとしてっ！」

叔母も私が上になったほうが感じているようです。喘ぎながらベッドのシーツをつかみ、色っぽい表情で私を見つめていました。

二度目となると、さすがにすぐに射精することはありませんでした。さっきはあっさり爆発してしまった締めつけも、どうにか耐えることができました。

逆に私は強く腰を突き出して、叔母のあそこを何度もえぐってやりました。

「あっ、あんっ！　すごいっ、利明くん……こんなにじょうずだなんて！」

ますます叔母の声は大きくなりました。下の階には母がいるはずなので、声を小さくしてもらいたいのですが、叔母は自分の声の大きさに気づいていないようです。

こうなったら最後まで突き進むしかありません。私は不慣れな腰振りを繰り返し、かなり乱暴に叔母の体を扱いました。

そろそろ限界というときに、叔母が私に向かって言いました。

「ねぇ、今度出そうなときは、ちゃんと教えてね」

「うん、わかった」

最初の射精はいきなり中に出してしまったので、次は外に出させようとしているものだと思っていました。

イキそうになる直前、私は「そろそろ出そう……」と伝えました。

すると叔母は私が逃げられないように、しっかりと背中に腕を回してきたのです。腰を下からうねらせ、中に出されるのをせがんでいるようでした。

「遠慮しないで……いっぱい出して！　全部受け止めてあげるから！」

そこまで言ってもらえれば、私もためらいはありませんでした。

腰をしっかり押しつけたまま、再びあそこの奥に精子を注ぎ込みます。二度目でも変わりなく、快感が押し寄せてきました。

終わってからも、私はしばらく叔母の体にしがみついたまま、やわらかな肌に埋もれていました。

これまでの受験勉強の疲れやストレスが、何もかも発散されてゆくようです。頭のモヤモヤが晴れて、スッキリした気分になれました。

「じゃあね、利明くん。体に気をつけて、勉強もがんばってね」

叔母は、私が元気になったのを見届けて帰っていきました。

幸い母にもバレておらず、その後は勉強に集中した結果、無事に第一志望の大学に合格できたのです。

大学を卒業後は某鉄鋼メーカーに就職し、職場で出会った妻と家庭を築きました。いまでは私も、二児の父親です。

もしあのとき叔母が私の部屋に来てくれなければ、私は勉強に行き詰まって受験にも失敗していたかもしれません。そうなればまったく別の人生を歩んでいたでしょう。

そう思うと、おせっかいで心優しい叔母には、感謝してもしきれない気持ちです。

◉読者投稿手記募集中！

素人投稿編集部では、読者の皆様、特に女性の方々からの手記を常時募集しております。真実の体験に基づいたものであれば長短は問いませんが、最近のSEX事情を反映した内容のものなら特に大歓迎、あなたのナマナマしい体験をどしどし送って下さい。

●採用分に関しましては、当社規定の謝礼を差し上げます（但し、採否にかかわらず原稿の返却はいたしませんので、控え等をお取り下さい）。

●原稿には、必ず御連絡先・年齢・職業（具体的に）をお書き添え下さい。

〈送付先〉
〒101-8405
東京都千代田区神田三崎町2－18－11
マドンナ社
「素人投稿」編集部　宛

◉新人作品**大募集**◉

マドンナメイト編集部では、意欲あふれる新人作品を常時募集しております。採用された作品は、本人通知のうえ当文庫より出版されることになります。

【応募要項】未発表作品に限る。四〇〇字詰原稿用紙換算で三〇〇枚以上四〇〇枚以内。必ず梗概をお書き添えのうえ、名前・住所・電話番号を明記してお送り下さい。なお、採否にかかわらず原稿は返却いたしません。また、電話でのお問い合せはご遠慮下さい。

【送付先】〒一〇一-八四〇五　東京都千代田区神田三崎町二-一八-一一　マドンナ社編集部　新人作品募集係

素人告白《しろうとこくはく》スペシャル《すぺしゃる》［昭和《しょうわ》―平成《へいせい》］想《おも》い出《で》の相姦《そうかん》

編者◉素人投稿編集部【しろうととうこうへんしゅうぶ】

発行◉マドンナ社
発売◉二見書房
東京都千代田区神田三崎町二-一八-一一
電話　〇三-三五一五-二三一一(代表)
郵便振替　〇〇一七〇-四-二六三九

印刷◉株式会社堀内印刷所　製本◉株式会社村上製本所　落丁・乱丁本はお取替えいたします。定価は、カバーに表示してあります。

ISBN978-4-576-20141-2 ◉Printed in Japan ◉© マドンナ社

マドンナメイトが楽しめる！　マドンナ社　**電子出版**（インターネット）……https://madonna.futami.co.jp/

Madonna Mate